数字共同体

通往共同富裕的社群行为经济学

朱幼平　著

中国经济出版社
CHINA ECONOMIC PUBLISHING HOUSE
·北京·

图书在版编目（CIP）数据

数字共同体：通往共同富裕的社群行为经济学 / 朱幼平著. -- 北京：中国经济出版社，2022.9（2023.3 重印）

ISBN 978-7-5136-7069-2

Ⅰ. ①数… Ⅱ. ①朱… Ⅲ. ①信息经济 - 研究 - 中国 Ⅳ. ① F492

中国版本图书馆 CIP 数据核字（2022）第 154177 号

策划编辑 姜 静
责任编辑 王西琨
责任印制 马小宾
封面设计 石 伟

出版发行 中国经济出版社
印 刷 者 北京科信印刷有限公司
经 销 者 各地新华书店
开 本 710mm × 1000mm 1/16
印 张 14.5
字 数 198 千字
版 次 2022 年 9 月第 1 版
印 次 2023 年 3 月第 3 次
定 价 99.00 元
广告经营许可证 京西工商广字第 8179 号

中国经济出版社 **网址** www.economyph.com **社址** 北京市东城区安定门外大街 58 号 **邮编** 100011
本版图书如存在印装质量问题，请与本社销售中心联系调换（联系电话：010-57512564）

指导并推荐

余　斌（国务院发展研究中心副主任）

杜　平（国家信息中心原常务副主任）

总顾问　吴履弟（中国通信工业协会区块链专委会副主任）

顾　问（按拼音排序）

蔡志川（中国香港）	陈柏珲（新加坡）
陈晓华	程晓明
韩永飞	何　超
黄连金（美国）	李光斗
刘　权	麻白三国
马方业	谢啸楚（荷兰）
于佳宁	赵永新
郑晓军	

推　荐

当今时代是创新发展、质量经济和共同富裕的时代，企业是中心。该书提出数字共同体理念，把习近平总书记倡议构建人类命运共同体的理念引入企业经营管理中，由此激发大家的积极性和创造力，也客观公平地共享收入，是一种非常有意义的创新！

——余斌

国务院发展研究中心副主任

从互联网平台到数字共同体，从盲从流量到共识流量，从消费互联网到生产互联网，从注意力经济学到社群行为经济学，该书作者将“数字共同体”作为研究主题，提出社群行为导致共识流量，由此产生规模效应和英明决策，进而带来资源优化配置，从而创造价值、创造财富；同时，数字共同体以国家鼓励的“绿色积分”建立共有、共识、共创、共治、共享的运营机制，公平、公正、公开地分享收入，实现共同富裕。作者将这个逻辑称为“社群行为经济学”。这项研究有创新点，是十分有价值的探索。

——杜平

国家信息中心原常务副主任

自　序

你永远挣不到认知之外的钱。个人如是，家庭如是，企业如是，任何营利性组织体系都如是。

身处数字经济时代，思维范式还停留在工业经济时代，想不穷都难！

一、我们为什么提出数字共同体

（一）数字共同体与时代同频

数字共同体是践行构建人类命运共同体理念和发展数字经济提法，实现创新发展、高质量发展和共同富裕的高维度经济组织。

简单来说，数字共同体就是用数字技术将多个人联系在一起的社群经济组织。数字共同体包含利益共同体、情感共同体、事业共同体、命运共同体、信息共同体、共识共同体、智行共同体等具有的多层特性。数字共同体作为资源配置的新载体，使先进理念能够落地，缓解了劳资冲突，扩大了公司资源配置边界，超越了互联网平台经济模型，是财富创造机器和财富分享机器，必将成为数字经济时代的主流经济组织。

数字共同体遵循和践行国家数据要素、绿色积分、全国统一大市场等政策要求，是符合政府、企业、大众等多方利益的优先选择。

数字共同体有两种“力”：一种是技术力，通过以区块链（Blockchain）记账的绿色积分系统，企业上市后用绿色积分兑换股票，让积分成为致富工具；另一种是文化力，通过社群行为和共识流量，“财散人聚，凝聚人心”。数字共同体成就两种主体：一种是被服务企业，另一种是社群人。如果企业和个人能够充分利用这两种“力”，共同富裕就不是梦！

（二）数字共同体是创新思维

数字共同体是共识哲学，也是行为方法论。它有四个思维来源：一是将构建人类命运共同体的理念用于企业经营管理；二是将中国数字化和数字经济政策贯穿于企业领域；三是在商业实践中摸索总结的社群行为经济学；四是区块链、去中心化自治组织（Decentralized Autonomous Organization，DAO）和 Web3.0 等不断迭代的商业逻辑。数字共同体是开创性的全新思维。

我们提出数字共同体基于以下几点：

第一，企业经营管理理论的推进。把构建人类命运共同体理念引入企业及企业经营管理中，是企业经营管理理论的一次重大突破；把数字化思维引入企业共同体及其运营治理中，是企业经营管理理论的又一次重大突破。

第二，组织经济学的推进。数字共同体代替公司是组织经济学中的颠覆性创新。数字共同体扩大了公司的外延和内涵。数字共同体是数字经济时代的经济组织，解决了工业时代的劳资对立问题，实现了自己为自己打工的新型生产关系。数字共同体践行了当家作主和多劳多得的原则。

第三，行为经济学的推进。我们提出了社群行为产生的共识流量，并通过规模效应和英明决策，提高资源配置效率，从而创造财富。

实践证明，这些构想是行得通的。

（三）数字共同体是数字经济 2.0 的统一大市场

我们认为，时下人类经济社会正在经历大小两个转型。一是从工业化向数字化的大转型。工业化历经三百年左右，大多数商业机会都被充分挖掘，大面积的过剩代替短缺，数字化是发展方向。数字化大转型会持续一个相当长的时期，是百年级别的。目前已初步完成数字化转型的第一个阶段，即数字经济 1.0 阶段。数字经济 1.0 是信息互联网，最典型的平台经济已经出现“天花板”迹象，需要升级。二是数字化进程中从以信息互联网为特征的数字经济 1.0 向以价值互联网为特征的数字经济 2.0 的小转型。目前，区块链、DAO、元宇宙、非同质化代币（Non–Fungible Token，NFT）/ 数字藏品、Web3.0 等新概念不断走热，这些都是价值互联网，即数字经济 2.0 的各种表象。

互联网、区块链、DAO、NFT/ 数字藏品、元宇宙、Web3.0 等数字经济概念，都可纳入数字共同体这个统一的财富模型中，都可以用数字共同体这个框来装（见表 0.1）。这类似于物理学中将宇宙中的四种基本相互作用（即强相互作用、电磁相互作用、弱相互作用和引力相互作用）统一起来的统一场论。元宇宙虚拟现实（Virtual Reality，VR）自不必说，3D 游戏总是有需求的，虚拟人相关企业已接近 30 万家。

表 0.1　数字共同体：数字经济 2.0 的统一大市场

阶段	数字经济 1.0	数字经济 2.0
技术	Web1.0/Web2.0	Web3.0（区块链）
定义	可读、可写	可拥有、可转让
应用	PC（个人计算机）/ 手机 /App	元宇宙 /DApp（去中心化）
特性	信息互联网	价值互联网
媒介	法币 / 股票	NFT/ 数字藏品 / 绿色积分
模式	粗放流量	共识流量
组织	中心化、垄断	DAO、共同富裕

Web3.0 概念与我们提出的数字共同体概念高度共鸣。Web3.0 核心价值就是将数据的所有权从平台还给广大网民和用户。在 Web1.0 和 Web2.0 阶段，网民和用户产生的数据是由平台占有的，而到了 Web3.0，广大网民和用户拥有了数据所有权。据此，他们不仅是消费者，还能够通过上网创造财富，共享收入，互联网成为大众致富的平台。重要的是，数据从平台还权于网民，能够创造海量的新商业机会和商业模式，这对于受疫情冲击的企业而言，无疑是一个福音。Web3.0 与我国“共同富裕”的理念发生了同频共振。

为实现这一点，区块链技术起到重要的支撑作用。Web3.0 是架构在区块链技术基础上的价值互联网。V 神（Vitalik Buterin）提出“SBT”后，每个企业、每个人的数字资产只归属于自己，并可实现跨平台交易，而目前这个目标还在途中，时下的只能是 Web2.5。分布式账本 + 智能合约 +SBT 的区块链技术组合成为 Web3.0 的基础架构。

我们为数字共同体设计了绿色积分的激励机制，包括购物型积分、分红型积分和换股型积分。通过绿色积分，我们将数字共同体里的平台企业、受服企业、行为人、消费者等都纳入客观公平的分配体系中。

特别需要指出的是，另一种激励机制的 NFT/ 数字藏品也越来越有积极的政策信号。

2022 年 7 月 12 日，上海市人民政府办公厅印发《上海市数字经济发展“十四五”规划》，多处提及 NFT、元宇宙、区块链等内容，支持龙头企业探索 NFT 交易平台建设，研究推动 NFT 等资产数字化、数字 IP 全球化流通、数字确权保护等相关业态在上海先行先试，并提升数字新基建，推进 Web3.0 的关键技术。这是国内地方政府首次明确支持 NFT 而非数字藏品，以及鼓励 Web3.0 的建设和发展。

2022 年 7 月 25 日，国家互联网信息办公室发布第九批共 348 个区块链信息服务名称及备案编号，其中有多项是 NFT/ 数字藏品项目。

2022 年 7 月 29 日，中国计算机学会 NFT 术语发布。

自从上海市政府提出探索 NFT 交易平台建设，“T”这个通证概念跟“代币”不画等号，通证经济被赋予了新含义，有了新的价值。

二、主要内容

本书共有十章，内容如下：

第一章　从工业化向数字化转型。人类经济社会正处于从工业化向数字化转型的阵痛中。当前中外宏观经济不景气，除因为新冠肺炎疫情等短期因素外，还在于旧的财富增长模式不灵了，新的财富增长模式还在孕育，正处于青黄不接的阶段。实际上，未来财富增长空间巨大，机会很多。作为财富新模式的数字经济被寄予厚望，数字经济也必将成为未来经济增长的主要动力。

第二章　互联网平台经济需要升级。近年来，中国电子商务成绩斐然，成为数字经济及经济增长的生力军，但已显现“天花板”迹象。互联网平台经济被流量裹挟，已出现“毒素”，究其原因是垄断和资本的无序扩张。国家对互联网平台经济进行了治理，以保障其持续健康发展。

第三章　数字共同体是以共识流量为支撑的命运共同体。数字共同体是由平台企业发起并运营、由社群行为产生的共识流量支撑的命运共同体。它既是有收益、有爱、有成长性的命运共同体，又是有高效率沟通、分布式共识和智慧行为的数字共同体。数字共同体需要通过数字化建设和社群行为文化建设来打造。

第四章　数字共同体改变了公司的内涵与外延。在内涵上，数字共同体将资方和劳方融合进同一个社群，缓解了公司劳资冲突，改变了生产关系。数字共同体摆脱“大锅饭”的困扰，将先进理念成功落地。在外延上，数字共同体不仅局限于签订协议的员工的公司边界，还将社群人从公司员工扩大到投资人、上游供应方、下游消费方等，扩大了公司资源配置范围，提升了配置能力。

第五章　数据要素与财富创造机器。数据要素被政策肯定，这必将大大推进数据创造财富的进程。数字共同体中社群人的社群行为，以及由此产生的共识流量，都是创造财富的因素，可纳入数据要素范畴。

数字共同体具有共识流量财富增值逻辑，这一逻辑一方面来自流量的规模效应的节约，另一方面来自共识流量所带来的决策水平的提高。这两个方面都可以实现资源优化配置，从而创造财富。数字共同体是集体经济，财富归社群人共有，按贡献实行客观公平的共享分配，从而实现共同富裕。

数字共同体是差价经济、流量经济与共识经济的集合体。数字共同体是能够常青的具有逻辑闭环的商业模型。数字共同体一出现，就显出勃勃生机，现已有很多成功案例。可以预见，数字共同体必将成为数字经济的主要载体，是数字经济时代创造财富的主体。

第六章　绿色积分与财富共享机器。改革开放以后，中国出现了一波又一波的财富浪潮。目前存在的贫富差距问题表明广大消费者并未充分共享公司红利。为实现共同富裕，我们提出了数字共同体绿色积分解决方案，包括购物型积分、分红型积分和换股型积分。激励机制简化了，并且还能做到客观公正、公开透明，所以数字共同体是财富共享机器。

第七章　统一大市场与链商超越网商。统一大市场是中国市场化改革的进一步深化。数字共同体是统一大市场的落地应用。链商将代替网商，是电子商务的升级。链商是数字共同体的一个重要创新业务。

第八章　“平台＋节点”打造上市公司孵化器。数字共同体通过社群人共识流量加持，解决企业销售难、融资难、治理难等问题，塑造企业品牌以增加企业无形资产，对接国家专精特新“小巨人”企业，推进企业上市，使企业无形资产能够更便捷地变现。

第九章　数字经济时代个人的选择与成长。选择数字共同体是一条靠谱的致富途径。社群人需要通过学习不断提高认知，也需要积极行动，与数字共同体一起成长，如此才能成就自己、实现梦想。

第十章　数字共同体经济思维符合国家大政方针。数字共同体是创新业务，符合国家区块链政策、数据要素政策、绿色积分政策、全国统一大市场政策、数字经济政策等。

本书是关于财富的图书，适合投资界、企业界、商界及社会大众参阅。本书为学术研究探讨而著，不能作为投资依据，只能作为参考。读者如果依此造成损失，与本书无关。本书观点均为作者观点，文责自负，欢迎读者批评指正！

作者

2022 年 9 月

目 录

第三章
数字共同体是以共识流量为支撑的命运共同体

第四章
数字共同体改变了公司的内涵与外延

第五章
数据要素与财富创造机器

第六章
绿色积分与财富共享机器

第七章
统一大市场与链商超越网商

第八章
“平台 + 节点”打造上市公司孵化器

第九章
数字经济时代个人的选择与成长

第一章

从工业化向数字化转型

一、工业时代的问题及数字化解决方案

（一）工业化带来了人类社会财富的暴增

蒸汽机的发明，使人类社会进入工业化时代。迄今为止，人类社会经历了四次工业革命：第一次是 18 世纪 60 年代至 19 世纪中期的蒸汽时代；第二次是 19 世纪下半叶至 20 世纪初的电气时代；第三次是 20 世纪后半期，在第二次世界大战之后的信息时代，伴随着生物克隆技术、航天科技的出现；第四次就是目前正在经历的智能时代，伴随着石墨烯、基因、VR、量子信息技术、可控核聚变、清洁能源及生物技术等的出现（见图 1.1）。

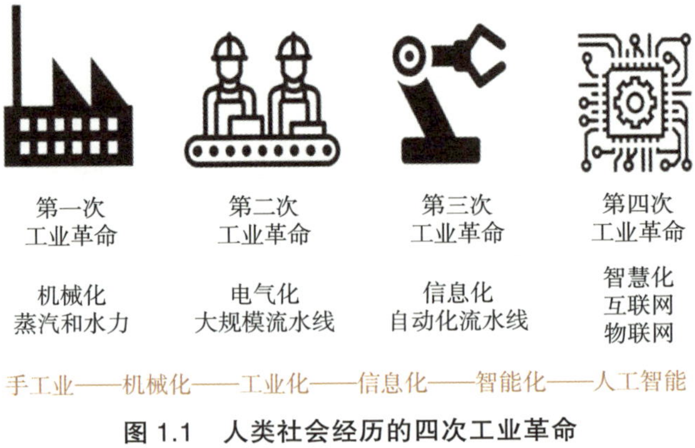

图 1.1　人类社会经历的四次工业革命

工业化伴随着批量生产、资本形成、市场机制、公司组织，带来了人类社会财富的暴增（见图 1.2）。每一次工业革命后，人类社会都会出现一次长时间的经济繁荣周期。工业化后四五百年之内，人类社会创造的财富之和是之前人类历史，包括农业时代在内数千年财富总和的几何倍数。我们现在住的房子、开的汽车、用的手机等，无一不受惠于工业化的成果。

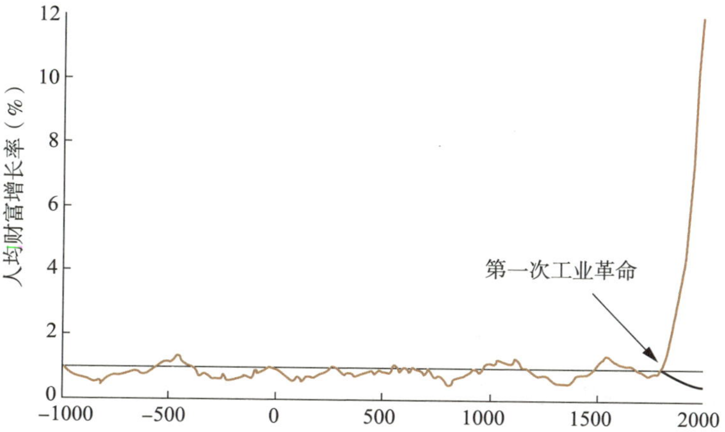

图 1.2　工业时代人类社会财富暴增

注：负号代表公元前。

工业化的结果是，财富总量和人均财富均呈现快速上升趋势，让人类从朝不保夕到勉强温饱，再过渡到可以享乐富足的工业时代（见图 1.3）。

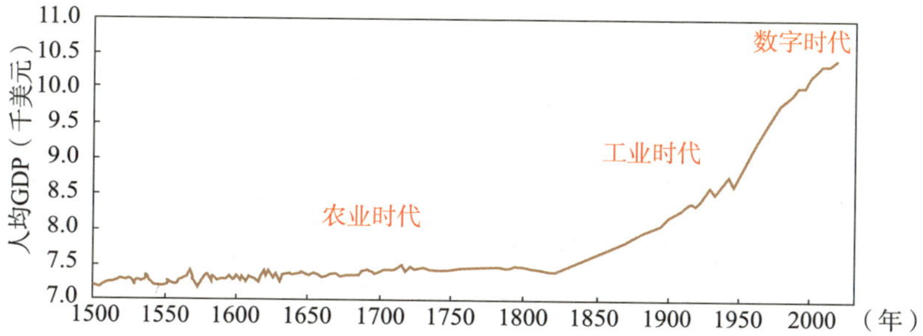

图 1.3　工业时代人均财富暴增

（二）后工业时代出现产品过剩

工业化四五百年后，人类社会到了后工业时代。满足人们吃穿用住的产品与服务已十分充盈，短缺经济让位于过剩经济，卖方市场让位于买方市场，过度生产及发达的物流体系，使工农制品大幅过剩。市场经济充分发育与竞争，传统商业已没有多少利润空间，商业机会被挖掘殆尽，已成“红海”。

根据工业和信息化部的资料，中国煤化工、多晶硅、风电制造、平板玻璃、钢铁、水泥六大行业被列入产能过剩行业。电解铝、造船、大豆压榨等产能过剩问题较为突出的行业也被点名。

我们从近期的新闻报道的标题里也可见端倪：

2024 年代工产能或过剩，台积电重新评估扩产计划；

国内手机不好卖！国际芯片巨头产生连锁反应，专家估计芯片业最早可能在 2023 年出现产能过剩；

正在走下坡路的行业显示：岂止是产能过剩？

跟风投锂 6 000 亿元，产能过剩终有时候；

新旧玩家争相扩产，磷酸铁锂过剩隐忧何解？

从供需数据看光伏产业链之硅料，2023 年或出现产能过剩！

肉苁蓉家种产能过剩，行情两极分化明显！

……

工业化发展到后工业时期的今天，出现产能过剩已是不争的事实。

（三）产能为什么过剩

后工业时代出现大规模产能过剩问题的主要原因是，简单批量生产撞上了追求高品质和个性化消费。

一是做的人多了，简单重复，供给大于需求，剩下了。充分竞争使利润平均化，大家都没有钱赚。

二是粗制滥造甚至假冒伪劣在高质量经济时代已经没有市场。

三是结构性失衡，即供给与需求错位。

比如，大学生毕业即失业。社会送走了“廉价”的农民工，却迎来了“廉价”的大学生。曾有个段子说，3 000 元月薪还想招到农民工？招个大学生还差不多。更让人扎心的是，这些大学生大多是当年的农民工用辛勤汗水供养出来的。而如今毕业了，到了收获的时候，这些大学生的待遇，却还不如这些农民工。大学生找不着工作，并不是因为大学生多了，而是跟产业结构失衡有关。

（四）数字化和数字经济的解决方案

传统工业经济发展濒临饱和，新经济形态亟待形成，数字经济的出现是人类社会数字化技术进步的必然结果。

数字化及数字经济解决问题的方案包括创造新的经济增长空间、创造新的产品服务形态、创造新的生产组织结构。

一是用智能定制代替简单批量生产。大数据和人工智能，能够根据用户需求实现定制化生产。所有产品都是按用户的要求做的，自然就不会剩下。关键在于，智能定制是在不牺牲生产线批量生产效率的前提下实现的。

二是区块链防伪防篡改。用区块链助力供应链，有信用，能提质增效，保证不出假货。

三是大数据匹配，精准营销。“任凭弱水三千，我只取一瓢饮。”首先得有效地找到这一瓢。大数据能够根据用户爱好和习惯，精准提供产品和服务。

四是没有中间商赚差价。工业时代有很多供应链，价值链条过长，需要缩短。比如一副眼镜，出厂价是十几元，最终到用户手里可能是一千多元。数字化去中介化，没有中间商赚差价，可以将十几元到一千多元的价值链条缩短。节约的资源可配置到别的更有效率的领域，从而形成财富增加。

（五）更多扩展问题及解决方案

实际上，除了产能过剩外，后工业时代的问题还有很多，比如金融空转，钱在金融领域打转，就是到不了实体经济；再如工业时代常见的劳资冲突，一直没被解决。

产能过剩、金融空转、劳资冲突，可以说是后工业时代最为突出的三大矛盾，是时下宏观经济社会种种困境的总根源。

数字化是解决上述问题的可行出路，也是唯一出路（见表 1.1）。大数据运用场景下的智能定制生产，使传统简单批量生产线升级，并用大数据精准营销，化解产能过剩问题；区块链的信用机制，打通金融与实体经济的通路，形成供应链金融，实现有效投资，化解金融空转；以共识流量为支撑的数字共同体，将投资人与劳动者融为一体，改变生产关系，实现利益共享，化解劳资冲突。这就是从技术、金融、组织三条线系统解决后工业时代问题的数字化方案，我们也把这些解决方案称为“链改”。[①]

表 1.1　后工业时代问题及数字化解决方案

后工业时代问题	数字化解决方案
产能过剩	智能定制、精准营销
金融空转	信用机器、供应链金融
劳资冲突	共识共享、改变生产关系

当前世界正处于百年未有之大变局中。从全球经济角度看，产能过剩、金融泡沫、房地产泡沫、债务泡沫、通货膨胀、组织低效、贫富差距等问题突出，新冠肺炎疫情又使经济雪上加霜，俄乌战争、反全球化等因素，又造成粮食、能源、供应链危机，世界经济正处

① 我们团队是“链改”概念的首创者，于2018年3月就提出了链改思维，这些学术成果归集在我们团队 2021 年 10 月出版的《链改：区块链中国思维》一书中。

在滞胀边缘。

这背后的一个重要原因是，人类社会正处在从工业化向数字化转型的阵痛期，工业红利时代即将结束，数字红利时代即将来临。在这个青黄不接的时期，旧有的财富增长逻辑不灵了，新生的数字化增长逻辑还在试错中，还没有担起经济增长主力的重任。值此当口，加快数字化进程至为关键。

二、中国未来数字经济时代的十个财富空间

经济下行压力不是指没有增长空间，而是指没有找到通往增长空间的路径。

2021 年，中国国内生产总值（GDP）超过 114 万亿元，达到 114.37 万亿元，约合 17.73 万亿美元，稳居世界第二（见图 1.4）。

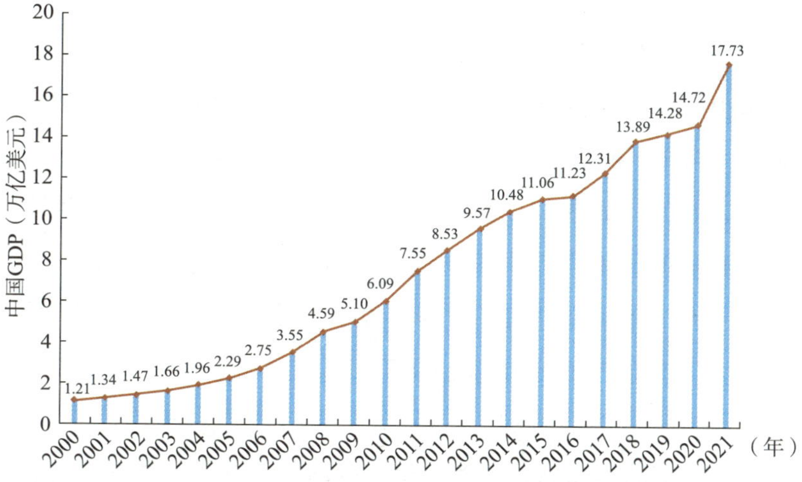

图 1.4 2000—2021 年中国经济保持持续稳定增长

资料来源：国家统计局。

根据国际货币基金组织数据，2021 年美国 GDP 是 22.9 万亿美元，中国 GDP 与美国 GDP 之比为 76.8%，而这个数据在 2019 年还是 66.7%（见表 1.2）；在过去百年中，中国是第一个接近美国 GDP

的 80% 的国家（此前最高的是 1995 年的日本，两者之比为 71.3%）。

表 1.2　2016—2021 年中国 GDP 与美国 GDP 的比较

年份	中美 GDP（万亿美元）		中国 GDP 与美国 GDP 之比（%）
	中国 GDP	美国 GDP	
2021	17.7	22.9	76.8
2020	14.72	20.89	70.5
2019	14.30	21.43	66.7
2018	13.89	20.61	67.4
2017	12.32	19.54	63.1
2016	11.23	18.74	59.9

资料来源：国家统计局、美国商务部。

2021 年中国人均 GDP 为 1.26 万美元，连续三年超过 1 万美元；但仍有 6 亿人月入 1 000 元；而美联储发布的一组调查报告显示，近 40% 的美国人拿不出 400 美元（约 2 800 元）。

2020 年，发达国家人均 GDP 约为 4.635 万美元；最富裕的地区是北欧（瑞典、挪威、丹麦、芬兰、冰岛），人均 GDP 为 6 万美元。

总体而言，如果以中国 GDP 跟美国 GDP 比，中国排名第二，还有赶超空间。如果以中国人均 GDP 跟其他发达国家比，中国的差距非常大，还只是进入了中等收入水平的门槛。差距大说明增长空间巨大。我们没有理由说经济下行没有增长空间，更没有理由“躺平”。

时下中国的快消品牌、数字化、科创、文创、大健康、新能源、金融科技、农村集体经营性建设用地入市（“农地入市”）、企业资产和个人 IP 等领域的机会很多，是未来有活力的财富方向。

（一）快消品牌

消费品领域是一个有很大增长潜力的领域，原因是中国人口多，需求量大，市场容量大。具有使用频率高、受众人群广、适合线上销售、受众地域覆盖广等特点的消费品，如矿泉水、酒等饮品，女装、儿童服装，化妆品，食品等；已经积分化的产品和服务，如手机话费充值、公交卡充值、机票购买等；连锁经营的如加油卡、美妆店、养生店、专卖店、超市、酒店、餐饮店等，都具有巨大的市场潜力。

国家统计局公布的2022年第一季度国民经济数据显示，2022年3月社会消费品零售总额34 233亿元，其中商品零售同比下降2.1%。而第一季度，全国网上零售额30 120亿元，同比增长6.6%。其中，实物商品网上零售额25 257亿元，占社会消费品零售总额的比重约为73.8%；在实物商品网上零售额中，吃类、穿类和用类商品分别增长13.5%、0.9%和10.6%。新冠肺炎疫情的多次反复带来了消费和活动空间的受限，使线下消费品滞销，而线上销量暴增，形成了市场上的对冲效应，尤其是像吃穿用等日化快消商品的刚需在短时间内激增，消费市场的平衡发生改变。

消费品最怕的是产销不对路。在信息互联网甚至是价值互联网的今天，我们有大数据、共识流量，能够进行智能定制和精准营销，从而可以有效解决产销匹配问题。

如今是质量经济时代，追求品质成为时代的主流。品牌是竞争力和市场规模的基础。要想在这个领域领先，就必须高度重视品牌建设。

（二）数字化

按照“十四五”规划，数字经济核心产业增加值占GDP的比重将从2020年的7.8%提升到2025年的10%，静态看需要5.3%左右的平均增长率。“十四五”期间GDP平均值增速预计也在5.3%左右，数字经济实际上要有11%左右的增速。

广义数字经济包括数字产业化和产业数字化，其规模从2005年的2.6万亿元增长到2021年的45.5万亿元（见图1.5），中国数字经济占GDP的比重从14.2%提升至38.6%，稳居全球第二大数字经济体。

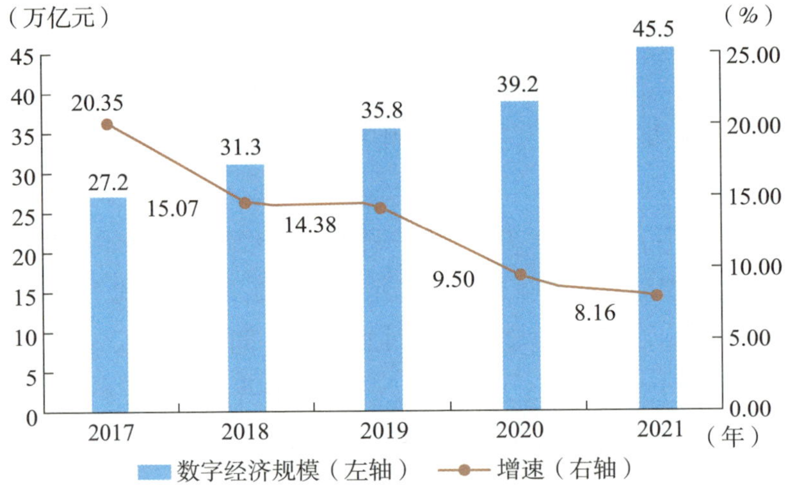

图 1.5　2017—2021 年中国数字经济规模及增速

资料来源：中国信通院。

数字产业化和产业数字化分别占数字经济产业规模的20%和80%。

根据相关数据，2017—2018年，中国数据产量从2.3泽字节增长至6.6泽字节，全球占比9.9%。

到2025年，中国数字经济将迈向全面扩展期。其中全国网上零售额和电子商务交易额在五年内预计分别增长45%和24%，全国网上零售额和电子商务交易额分别计划从2020年的11.76万亿元和37.21万亿元增至2025年的17万亿元和48万亿元，作为全球第一大网购国，中国仍然制定了不低的增长目标。

中国在手机、第五代移动通信技术（5th Generation Mobile Communication Technology，5G）、社交、电商、快递、支付平台等领域领先，但如果从人均GDP角度衡量，中国数字经济指数则处在中游水平。这也正好说明中国在这些领域有很大的发展空间，弥补差距也是未来的创新点和着力点（见图1.6）。

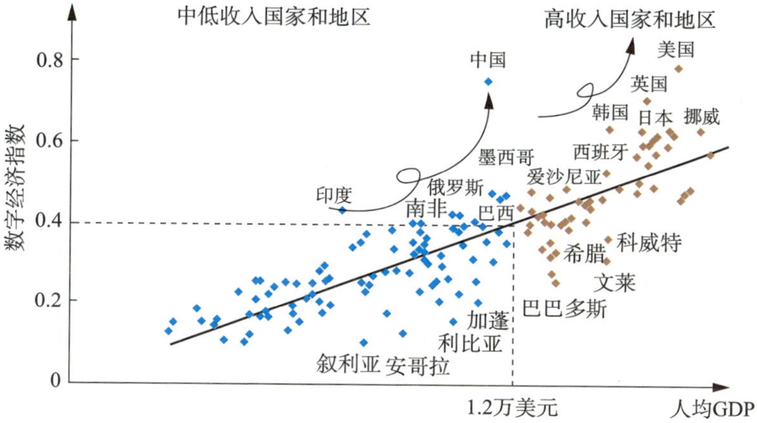

图 1.6　全球数字经济指数与人均 GDP 的相关比较

资料来源：毕马威、阿里研究院，前瞻产业研究院整理。

数字经济已成为驱动中国经济实现又好又快增长的新引擎，数字经济所催生出的各种新业态，也将成为中国经济新的重要增长点。

（三）科创

科创会有巨大的新财富空间。比如，之前没有手机，现在大家几乎都用手机，手机应用场景就是新技术带来的财富。未来，如果大家出行都不用汽车，而改用无人机，那么无人机也将带来海量新财富。

科创财富有多大空间呢？虽然这不易定量，但肯定是海量的。我们人类认识宇宙，只了解了可见物质，还有暗物质、暗能量有待被人类深入认知。这说明，未来科技进步及其应用空间巨大。

一项重大的科技进步往往会带来人类社会经济繁荣和创新财富长周期。

“科学技术是第一生产力，创新是引领发展的第一动力”，国家实施创新驱动发展战略，将建设世界科技强国作为战略目标。在政策的大力支持下，中国近年来有很多科技创新成果。

在新能源、新材料、智能化、生物科技、太空等领域，中国有大量新技术成果正处在大规模商用的时间窗口，为未来财富增长、经济增长打下坚实的科技基础。“造导弹不如卖茶叶蛋”的时代已经过去，中国已经进入科技强国时代。

（四）文创

随着物质生活的富足，人们的精神需求会迅速提高。满足人们精神需求的文创产品，未来充满机会。过去，我们吃饱了就行；后来，我们开始追求味道，中篇小说《美食家》，使作者陆文夫“会吃”的声名远播文坛内外；再后来，我们开始“吃厨子”，选择名厨；现在，吃已经不是为了果腹，而是社交需要，享受的是吃的文化氛围。我们开始“吃文化”，选择有档次的食府。

一端是需求层次提高，另一端是高品质文创产品供给匮乏。比如，前一段时间演艺圈的“饭圈”乱象，受到国家重拳整治。所谓危机，即危中有机。高品质文创恰恰就是商机。2022 年，北京冬奥会吉祥物“冰墩墩”火热出圈，曾呈现“一墩难求”的局面。真正高品质的文创是有巨大市场的。

文创是文化创意的简称，是以创造力为核心的新兴产业。如果说科创需要智慧，那么文创则需要创意、灵感。艺术家与科学家虽有明显不同，但都属于未来高质量供给的组成部分。文创主要包括文学、广播影视、动漫、音像、传媒、视觉艺术、表演艺术、工艺与设计、雕塑、环境艺术、广告装潢、服装设计、软件和计算机服务等方面的创意产品，有最近较活跃的游戏、动漫、网络文学和直播等。时下火爆的数字藏品，也属于文创行业。

根据国家统计局数据，2021 年，中国有 6.5 万家规模以上文化及相关产业企业，实现营业收入近 11.9 万亿元（见图 1.7）。2019—2022 年，文创行业及主要的创意设计服务、文化消费终端生产、内容创作生产等都有两位数以上的增长率，远超 GDP 增长率。

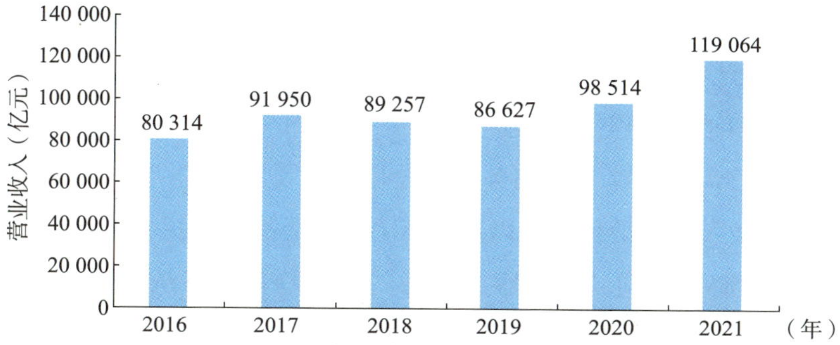

图 1.7　2016—2021 年全国规模以上文化及相关产业企业营收统计

资料来源：中商情报网。

未来链 AI（谐音“恋爱”，指区块链 + 人工智能）时代，将重复性、机械性、危险性工作交给机器和代码，我们人类才能解放出来。在互联网、物联网、大数据、云计算、人工智能、5G 等技术快速发展的背景下，文创产业在原有文化资源的基础上，必然要融入新技术，朝着数字化和智慧化的方向发展。

（五）大健康

大健康产业是具有巨大市场潜力的新兴产业，具体包括五大细分领域：一是以医疗服务机构为主体的医疗产业；二是以药品、医疗器械、医疗耗材产销为主体的医药产业；三是以保健食品、健康产品产销为主体的保健品产业；四是以健康检测评估、咨询服务、调理康复和保障促进等为主体的健康管理服务产业；五是以养老市场为主体的健康养老产业。

普华永道的数据显示，2020 年中国大健康市场规模已达到 13 万亿元，跃居为全球第二大市场。《中国老年消费习惯白皮书》数据显示，中国 2021 年老年产品及服务市场总规模达到 5.7 万亿元。美国大健康产业占其 GDP 的比重是中国的一倍还多。与美国比，中国还有巨大增值空间。

根据《“健康中国 2030”规划纲要》，到 2030 年，“健康中国”

带来的大健康产业市场规模有望达到16万亿元。工业和信息化部更是乐观预计2030年中国养老产业市场规模将超过20万亿元。大健康产业未来的市场空间可期。

2022年4月27日，国务院办公厅印发《“十四五”国民健康规划》，围绕人口老龄化趋势以及健康中国发展战略，提出要顺应“以治病为中心”转向“以健康为中心”的新趋势，将从预防、诊断、治疗三个层次，推动医疗健康产业的发展。

新冠肺炎疫情让我们重视医药与健康。中医也因在防疫中有良好疗效，而被重新重视。

（六）新能源

新能源是指传统能源，如煤、石油、天然气以及大中型水电等之外的各种能源形式，如太阳能、地热能、风能、海洋能、生物质能、氢能和核聚变能等。

据估算，每年辐射到地球上的太阳能数量惊人，但因其分布很分散，能利用的甚微。地热能资源指陆地下5 000米深度内的岩石和水体的总含热量。其中全球陆地部分3 000米深度内、150℃以上的高温地热能资源为140万吨标准煤，一些国家已着手商业开发利用。世界风能的潜力约3 500亿千瓦，因风力断续分散，难以经济地利用；今后输能储能技术如有重大改进，风力利用将会增加。海洋能包括潮汐能、波浪能、海水温差能等，理论储量十分可观，但限于技术水平，现尚处于小规模研究阶段。当前由于技术尚不成熟，新能源的利用只占世界所需总能量的很小部分，今后将有很大发展前途。

中国化石能源，特别是煤炭消费在一次能源消费中一直居于主导地位，其所占的比重分别达到九成和六成以上。但煤炭消费占比在下降，而可再生能源的占比在提高。近年来，中国煤炭消费量占能源消费总量的比重持续下降，由2012年的68.5%下降至2021年的56%，下降12.5个百分点；可再生能源消费比重从2012年的近9%提高到2021年的超过14%；装机规模突破10亿千瓦大关，占全国发电总装机容量的比重超过40%。

在“双碳”刺激下，中国新能源及相关产业增长强劲，中国的风电、光伏发电等新能源发展成效显著，装机规模稳居全球首位，发电量占比稳步提升。但最抢眼的应当是新能源汽车和动力电池。

新能源汽车。近年来，中国新能源汽车行业保持高速发展态势。工业和信息化部数据显示，2021年，中国新能源汽车产销量突破350万辆，连续7年位居全球第一；截至2022年第一季度，中国新能源汽车累计推广量突破1 000万辆大关。

动力电池。受益于新能源汽车需求释放，中国动力电池装车量迅速攀升。全球市场调研机构SNE Research数据显示，全球动力电池装车量增长强劲，中国企业在前十中占据六席，市场份额过半，持续领跑全球市场。宁德时代和比亚迪动力电池装车量分别位居全球第一和第三。比亚迪市值突破万亿元，反超大众汽车，成为仅次于特斯拉、丰田的全球第三大市值汽车厂商。上游锂矿企业纷纷加速抢占全球优质锂矿资源，国内锂矿巨头纷纷加速扩产。

（七）金融科技

工业时代财富迅猛增长，为工业财富提供配套的金融体系功不可没。因此，即使这个体系制造了无数大小不一的金融危机，还是贫富差距的主要根源，在工业化财富暴涨的浪潮下，我们也能够忍受这些“缺点”。

本来金融是资金中介，在经济分配中应该获得中介利润，但它获得的利润率实际上比实体经济要高很多。一个经济体，如果实体经济都紧缩，只有金融有利润，那么是很不健康的。自2008年全球金融危机以来，世界上出现了泡沫（美国股市、全球债市）与贫富差距，这些现象中都有金融的“贡献”，时至今日，上述泡沫都有破灭危险。曾与工业时代配套的金融体系出现严重问题。

工业时代金融必然要被数字经济时代的金融科技和数字金融所取代。在这个巨变进程中，金融有巨大的发展机会和空间。

虽然中国金融学习西方经验，但有我们自己的特色。中国改革开放以来的经济高速发展，金融功不可没。如今是创新发展、质量经济和共同富裕时代，中国金融也要进一步改革开放。

中国著名经济学家黄奇帆在2022清华五道口首席经济学家论坛上表示，适时建立人民币之锚、推动金融更好地服务实体经济、结合中国国情发展绿色金融、加快发展面向中小型科技企业的科技金融、金融如何更好地服务共同富裕五个金融问题十分深刻精辟，值得深入研究。

中国金融科技和数字金融历来被重视。数字人民币或数字货币（e-CNY）在中国人民银行的主导下，正在稳步推进。银保监会也一直在推进“监管沙盒”工作。

有人担心金融科技和数字金融，如区块链会抢了金融的饭碗，这是不对的。正好相反，我们应该说，数字经济时代新的财富创造和分配，会产生大量的金融需求，数字化转型给了金融前所未有的发展机会与空间，金融科技和数字金融会发展得更快。数字化与金融的关系应当是：一方面，金融毕竟是一个很专业的领域，金融科技、金融数字化，本质还是金融，懂数字化的人不一定懂金融；另一方面，如果金融故步自封，抱残守缺，没有与时俱进，顺势而为，跟不上数字化转型步伐，那么可是真的要丢了饭碗的。

数字化和金融科技发展的效果还是很明显的，如目前银行网点数量减少是提质增效后的明显改进，节约的资源可配置到其他更高效的领域。金融向民营开放十分重要。

（八）“农地入市”

“农地入市”，全称为农村集体经营性建设用地入市，“核心是将在宅基地置换后腾空出来的土地，用作工业用地和商业用地；原有农村土地流转后，吸引社会资本投资现代农业，大大提高土地经营效益。”

“农地入市”是房地产界一直热议的话题。2019 年 8 月 26 日，全国人民代表大会常务委员会关于修改《中华人民共和国土地管理法》《中华人民共和国城市房地产管理法》的决定，规定集体建设用地，在不突破用途管制的基本前提下，可以入市。农地是所有权、承包权、使用权三权分置，入市流转的是使用权。

据知名教授估算，中国“农地入市”有 630 万亿元的财富空间，要知道中国 GDP 目前也就 100 多万亿元。“农地入市”，相当于全国人民好几年劳动创造的财富总量。

（九）企业资产证券化

企业资产上市交易变现，具有海量财富增长空间。但中国企业资产证券化一直有很大空间。

中国有 1.5 亿经济主体（含个体户），而能够将资产证券化交易的，只有 4 000 多家上市公司，这个数字只占经济主体总数量的小部分。中国在持续发展和改革资本市场，近些年的举措包括 2019 年 6 月开板的科创板、2021 年 9 月注册成立的北京证券交易所（以下简称北交所）等，中国还在进行注册制、退市改革。资本市场的发展壮大也为企业资产证券化开辟更多的通道。

（十）个人 IP

与企业资产证券化相比，个人 IP 资产证券化的解决方案极其有限，尽管这个领域也有海量财富机会。

中国有 14 多亿人口，目前只有少数影视明星 IP 资产证券化较充分，大量科技专家、投资专家、管理专家、业务能手等，其才能并没有资产化、市场化，更遑论全体国民。

最近，参考国外的NFT，国内数字藏品纷纷涌现。数字藏品给广大的文创产品和艺术家带来了福音。因为政策还没有给数字藏品定性，大家还只是做数字藏品发行的一级市场，没有做数字藏品交易的二级市场。

绿色积分是国家鼓励和支持的。特别是时下新冠肺炎疫情期间，在经济下行压力下，绿色积分作为提振消费手段，是很重要的。

尽管房地产关联60多个行业，20年来中国GDP中房地产的占比上涨了78%，但因为泡沫和“房住不炒”政策，所以并未将房地产包括在内。

三、中国重点发力的五个数字化重要领域

一端是产能过剩，经济下行；另一端是新技术风起云涌，未来财富拥有海量空间。化解如此危机，只有依靠数字化，也只能依靠数字化。

我们认为，当前人类经济社会已进入大小两个转型中。一个是从农业化到工业化再到数字化的大转型。另一个是从以互联网为平台的信息互联网，向以区块链等ABCD（A指人工智能，B指区块链，C指云计算，D指大数据）为基础设施的价值互联网的小转型。数字经济因此也可分为信息互联网和价值互联网两个小时期。

中国改革开放40多年来，成绩斐然，目前也开启了数字化。中国时下已是农业化、工业化、数字化三化并进的时代。工业化已发展到了后期，工业经济红利即将结束；数字化是未来方向，数字经济红利就要来临。数字经济时代代替工业经济时代是必然趋势。数字化转型和数字经济必然是未来财富之路，必然成为中国未来经济增长的主力。

“近年来，互联网、大数据、云计算、人工智能、区块链等技术加速创新，日益融入经济社会发展各领域全过程，数字经济发展速度之快、辐射范围之广、影响程度之深前所未有，正在成为重组全

球要素资源、重塑全球经济结构、改变全球竞争格局的关键力量。”

中国是混合经济体制，既可以享有市场经济下大众创业、万众创新的优势，又可以集中力量办大事。重点发力是中国的特色和优势。中国做数字化和数字经济，一样有明显的优势。时下，中国在5G、北斗卫星导航系统（BDS）、工业互联网（Industrial Internet）、东数西算、数字人民币等数字化重要领域发力，彰显大国重视力度和力量，已取得积极进展，也必然将中国数字经济推向新台阶。

（一）5G

5G是中国在世界上领先的一个领域，不仅有华为先进技术和网络设备，还有5G国际标准优势，任正非是全球5G国际协会主席。

5G是具有高速率、低时延和大连接特点的新一代宽带移动通信技术，5G通信设施是实现人机物互联的网络基础设施。

从1G到2G，实现了模拟通信到数字通信的过渡，移动通信走进了千家万户；从2G到3G、4G，实现了语音业务到数据业务的转变，传输速率成百倍提升，促进了移动互联网应用的普及和繁荣。

4G网络解决了人与人随时随地通信的问题，造就了繁荣的互联网经济。但随着移动互联网快速发展，新服务、新业务不断涌现，移动数据业务流量呈爆炸式增长，4G系统难以满足未来移动数据流量激增的需求，急需下一代移动通信技术5G系统。

5G性能指标包括：峰值速率需要达到10吉比特～20吉比特/秒；空中接口时延低至1毫秒；具备百万连接/平方千米的设备连接能力；频谱效率要比LTE提升3倍以上；在连续广域覆盖和高移动性下，用户体验速率达到100兆比特/秒；流量密度达到10兆比特率/平方米以上；移动性支持500千米/时的高速移动。

有一个形象的比喻，4G是三条车道的高速公路，5G则是30～300条车道的高速公路，提高10～100倍。这样的高速公路不会堵车。

截至2022年5月末，中国已建成5G基站161.5万个，成为全球首个基于独立组网模式规模建设5G网络的国家。5G基站占世界60%以上，占移动基站总数的比例为16%。按国土960万平方千米算，大体上每6平方千米有一个5G基站，在人口多的地区，5G基站已十分密集。5G移动电话用户已达4.1亿户。

5G作为一种新型移动通信网络，不仅要解决人与人通信，为用户提供增强现实（Augmented Reality，AR）、VR、超高清（3D）视频等更加身临其境的极致业务体验，还要解决人与物、物与物通信问题，满足移动医疗、车联网、智能家居、工业控制、环境监测等物联网应用需求。5G将渗透到经济社会的各个行业和领域，成为支撑经济社会数字化、网络化、智能化转型的关键新型基础设施。

（二）BDS

BDS来自伊拉克战争的警示，中国以孙家栋等为主的航天专家意识到，必须有自主研发的导航系统，这是国家安全需要。经过多年建设，中国北斗系统已能与美国全球定位系统（Global Positioning System，GPS）相抗衡，定位精度、短报文等技术性能要高于GPS，只是商用还滞后。

BDS是中国自行研制的全球卫星导航系统，与美国GPS、俄罗斯格洛纳斯（GLONASS）、欧盟伽利略卫星导航系统（Galileo satellite navigation system，GALILEO）一起，是联合国卫星导航委员会已认定的供应商。

BDS由空间段、地面段和用户段三部分组成，可在全球范围内全天候、全天时地为各类用户提供高精度、高可靠度的定位、导航、授时服务，并且具备短报文通信能力，已经初步具备区域导航、定位和授时能力，定位精度为分米、厘米级别，测速精度

0.2 米 / 秒，授时精度 10 纳秒。[①]

BDS 的增强系统包括地基增强系统与星基增强系统。空间段由若干地球静止轨道卫星、倾斜地球同步轨道卫星和中圆地球轨道卫星组成。地面段包括主控站、时间同步 / 注入站和监测站等若干地面站，以及星间链路运行管理设施。用户段包括北斗及兼容其他卫星导航系统的芯片、模块、天线等基础产品，以及终端设备、应用系统与应用服务等。

2022 年 1 月，西安卫星测控中心圆满完成 52 颗在轨运行的北斗导航卫星健康状态评估工作。“体检”结果显示，所有北斗导航卫星的关键技术指标均满足正常提供各类服务的要求。2035 年，中国将建设完善更加泛在、更加融合、更加智能的综合时空体系，进一步提升时空信息服务能力，为人类走得更深更远作出贡献。

目前，全球范围内已经有 137 个国家和地区与 BDS 签下了合作协议。随着全球组网的成功，BDS 未来的国际应用空间将会不断扩展。

2021 年中国卫星导航与位置服务产业总体产值达到 4 690 亿元，同比增长超 16%。不管是百度地图还是高德地图，它们都支持 BDS，但能不能用到 BDS，关键看人们的手机有没有 BDS 芯片，目前包括小米、华为、苹果等绝大部分手机都含有 BDS 芯片，国内 94.5% 的手机都已经支持 BDS。

随着 BDS 建设和服务能力的发展，相关产品已广泛应用于交通运输、海洋渔业、水文监测、气象预报、地理信息测绘、森林防火、通信系统、电力调度、救灾减灾、应急搜救等领域，逐步渗透到人类社会生产和人们生活的方方面面，为全球经济和社会发展注入新的活力。

最近，埃隆 · 马斯克（Elon Musk）的星链引起热议。号称商业

① 以下内容根据北斗网、百度百科等资料整理而成。

用途的星链，在俄乌战争中，明确支持乌克兰军用。马斯克的星链计划发送3万～4.2万颗低轨小卫星，而按照央视援引权威专家的说法，目前轨道高度为400千米～2 000千米的近地轨道，总共才可以容纳大约6万颗卫星，马斯克的星链就占了一半多。另外，这里还存有低轨卫星与其他航天飞行器相撞的隐患。

（三）工业互联网

工业互联网是“两化融合”即新一代信息通信技术与工业经济深度融合的新型基础设施，它以网络为基础、平台为中枢、数据为要素、安全为保障，既是工业数字化、网络化、智能化转型的基础设施，也是互联网、大数据、人工智能与实体经济深度融合的应用模式，同时也是一种新业态、新产业，将重塑企业形态、供应链和产业链。

当前，工业互联网融合应用向国民经济重点行业广泛拓展，形成平台化设计、智能化制造、网络化协同、个性化定制、服务化延伸、数字化管理六大新模式，赋能、赋智、赋值作用不断显现，有力地促进了实体经济提质、增效、降本、绿色、安全发展。截至2022年6月，工业互联网已延伸至45个国民经济大类，涉及原材料、装备、消费品、电子等制造业各大领域，以及采矿、电力、建筑等实体经济重点产业，实现了更大范围、更高水平、更深程度的发展，形成了千姿百态的融合应用实践。

鉴于时下中国消费互联网发达、生产互联网不足的现状，数字化更重要的是给产业升级，给实体经济赋能。工业互联网正在做这样的努力，它作为新基建、新模式、新业态，有广阔的前景，但也任重道远。

作为“两化融合”的重要措施，工业互联网受到了国家的高度重视。2017年11月，国务院发布了《关于深化“互联网＋先进制造业”发展工业互联网的指导意见》，这份纲领性文件为中国工业互联网发展指明了方向。随后，工业和信息化部发布了多项工业互联网文件。2021 年 11 月 30 日，工业和信息化部对外发布《“十四五”信息化和工业化深度融合发展规划》，明确将工业互联网平台推广工程作为“两化融合”重点工程推进。2022 年，21 个省区市在政府工作报告中将工业互联网列入了今年的工作任务，进行积极部署，多地加快工业互联网示范区建设。

截至 2022 年第一季度，国家级、行业级、企业级多层次的工业互联网平台体系初步构建，中国具有行业、区域影响力的工业互联网平台超 150 家，连接工业设备超过 7 800 万台（套），服务工业企业超过 160 万家。截至 2022 年第一季度，全球共有来自 22 个行业的 103 家工厂被世界经济论坛（WEF）评定为“灯塔工厂”，这些工厂代表着全球智能制造的最高水平。其中有 37 家位于中国，占比超过 1/3，总数位居世界第一。支撑这些无人工厂的幕后英雄，是工业互联网等新一代信息技术。可以说，无人工厂是工业互联网落地的“样板间”。

（四）东数西算

东数西算，简单说就是东部数据西部计算，就是让西部的算力资源更充分地支撑东部数据的运算需求。

中国东部经济发达，数据存储、运算、通信需求强烈，但因为东部土地、电等要素紧张，大数据中心十分昂贵；而中国西部恰恰有土地、电等要素支撑，有条件建设大数据中心；而因为千兆宽带和 5G 网络的普及，通信很畅通便宜。几个方面的因素合起来，中国可以在西部部署计算能力强的大数据中心，东部的数据由西部来存储和计算，这样，既缓解了东部数据存储和计算的压力，又支持了西部经济发展，是一个十分合理的设计。这与西电东送、西气东输、南水北调等逻辑是一致的，是中国空间资源配置和区域经济协调发展的重要安排。

2021 年 5 月 24 日，国家发展改革委、中央网信办、工业和信息化部、国家能源局联合印发了《全国一体化大数据中心协同创新体系算力枢纽实施方案》，提出东数西算即东数西算工程。

2022 年 2 月 17 日，国家发展改革委、中央网信办、工业和信息化部、国家能源局联合印发通知，同意在京津冀、长三角、粤港澳大湾区、成渝、内蒙古、贵州、甘肃、宁夏八地启动建设国家算力枢纽节点，并规划了 10 个国家数据中心集群。至此，全国一体化大数据中心体系完成总体布局设计，“东数西算”工程正式全面启动。

在 5G 基站建设潮后，中国东数西算成为战略重点，数字新基建进一步提速。东数西算工程是绿色工程，使数字中国与“双碳”战略更紧密地结合，并促进了区域平衡发展。在数据中心类投资中，投资占比超九成的通用算力中心建设以企业投资为主，政府引导合理布局，并统筹土地、电力、网络、能耗指标等资源予以支持，市场化投入特征明显。除由大型央企为主体进行投融资外，地方国企、大型互联网企业等也将积极响应战略布局，加码算力投资。

（五）数字人民币

一般我们说的数字货币都是数字人民币。境外数字法币叫数字货币 / 电子支付（Digital Currency，DC/Electronic Payment，EP）。

数字人民币是由中国人民银行发行的数字形式的法定货币，由指定运营机构参与运营并向公众兑换，以广义账户体系为基础，支持银行账户松耦合功能，与纸钞硬币即 M0（流通中的现金）等价，具有价值特征和法偿性，支持可控匿名。

数字人民币虽然是数字形式，但是法定货币。通俗地讲，法定货币的意思是，如果你到商店买东西，商家不收，可以告他违法。而支付宝、微信支付只是支付工具，是账而不是币，商家可以拒收。数字人民币主要定位于 M0，与流通中的现钞和硬币完全等价，也是现金类支付凭证，将与实物人民币长期并存。

2014 年，中国人民银行成立专门团队，开始对数字人民币进行专项研究。截至 2022 年 6 月，数字人民币已基本完成顶层设计、功能研发、系统调试等工作，正遵循稳步、安全、可控、创新、实用的原则，选择部分有代表性的地区开展试点测试。

试点地区和城市有深圳、苏州、雄安新区、成都、上海、海南（全国唯一一个全省范围试点数字人民币的地区）、长沙、西安、青岛、大连；天津、浙江（杭州、宁波、温州、湖州、绍兴、金华等）、福建（福州、厦门等）、广州、重庆、北京和河北张家口（在 2022 年北京冬奥会、冬残奥会场景试点结束后转为试点地区）等。

其他有特点的数字人民币测试有：深圳市数字人民币红包测试；香港数字人民币跨境支付的技术测试；上海交通大学医学院附属同仁医院员工食堂脱离手机的可视卡式硬钱包首次亮相；2022 年 1 月 4 日，数字人民币（试点版）App 上架各大安卓应用商店，已在苹果、华为、小米、vivo、OPPO 等应用商店公开上架。2022 年 1 月 5 日，北京、上海、深圳等 11 个数字人民币试点地区的居民在点外卖时已可选择数字人民币支付。2022 年 6 月 10 日，阳光保险的“阳光车 · 生活”App，以使用数字人民币支付的方式进行车辆保险费用缴纳，这标志着数字人民币在车辆保险应用场景落地。2022 年 5 月 26 日，厦门市住房公积金中心发放首笔数字人民币住房公积金贷款 44 万元，这是全国住房公积金行业在数字人民币住房公积金贷款应用场景上的创新性突破。

根据中国人民银行数据，截至 2021 年 12 月 31 日，数字人民币试点场景已超过 808.51 万个，累计开立个人钱包 2.61 亿个，交易金额 875.65 亿元。

四、世界有创意、有活力、有潜力的五个数字化商业模式

人类社会的数字化或数字经济的进程，一般从互联网开始，始

于 1969 年美国的阿帕网，然后不断演绎，1994 年进入中国。以 2008 年出现的区块链为分野，数字化或数字经济从信息互联网时期发展到价值互联网时期。

我们简单划分，而以区块链为基础设施的价值互联网，截至 2022 年 8 月已更新迭代了三个阶段：第一个阶段从 2008 年中本聪（Satoshi Nakamoto）发布比特币白皮书《比特币：一种点对点的电子现金系统》算起，是以比特币、以太币等概念“通证”为特征的原型试验阶段；第二个阶段从 2017 年加密猫 CryptoKitties 出现算起，是以寻求价值背书 NFT 为特征的实体赋能阶段；第三个阶段从 2022 年算起，是以绑定个人 IP 的“灵魂绑定通证”（SBT）为特征的全民拥有阶段。

从组织形态角度看，2014 年就出现了 Web3.0 的概念，在 2016 年孕育出了世界上第一个 DAO 项目，依靠智能合约在区块链上运行，没有法律实体。DAO 的概念最早由以太坊创始人布特林提出，2016 年，出现了第一个 DAO 的项目 The DAO。Web3.0 的概念在 2022 年才开始火起来。我们提出数字共同体的概念，也是参考了 Web3.0 和 DAO 的思维。

我们认为，无论是工业经济向数字经济大转型、信息互联网向价值互联网的小转型，还是价值互联网的迭代，都是趋势而不是风口。

我们选取时下世界最有活力的五个领域：大数据 / 人工智能、区块链、元宇宙、NFT/ 数字藏品、DAO/Web3.0，一探究竟，看看这些最时尚的商业模型是如何演绎的。

大数据 / 人工智能、区块链、元宇宙、NFT/ 数字藏品、DAO/ Web3.0 主要应用分别对应产业、金融、互联网、企业资产、个人 IP 五个领域（见图 1.8）。

产业智能化 大数据智能 智能制造 智慧农业	金融科技化 区块链 数字货币 供应链金融	网络3D化 元宇宙 数字人民币 虚拟地产 VR游戏	资产数字化 数字藏品 文创 企业品牌	创作大众化 Web3.0 直播 个人IP

图 1.8　世界各种有创意的数字经济活跃领域

（一）大数据 / 人工智能

“大数据”概念最早在 2008 年 8 月由维克托 · 迈尔 – 舍恩伯格（Viktor Mayer–schönberger）和肯尼斯 · 库克耶（Kenneth Cukier）编写的《大数据时代》中提出。从 2009 年开始，大数据成为互联网技术行业中的热门词汇，最早应用大数据的是麦肯锡（McKinsey）公司。

大数据又称为巨量资料。国际商业机器公司（IBM）提出大数据的 5V 特点：大量（Volume）、高速（Velocity）、多样（Variety）、低价值密度（Value）、真实性（Veracity）。麦肯锡全球研究所指出大数据具有海量的数据规模、快速的数据流转、多样的数据类型和价值密度低四大特征。

大数据最主要作用的是对人类分析范式的突破性颠覆。我们传统分析问题有两种范式，一种是定性分析，即根据历史经验，归纳推理和演绎推理，这是因果分析方法；另一种是定量分析，即通过计量模型，用数字说话。大数据是全数据样本分析，是穷举分析，不讲因果，只讲结果验证。比如，针对某一疾病的用药和诊疗方案，从病理推导是不够的，需要临床效果验证。如果临床数据足够大，即使没有病理依据，也可直接用于治疗。但只有病理依据而没有临床验证大数据支持，则不能定为治疗方案。

换句话说，大数据分析“不讲道理”“不讲逻辑”，只讲结果验证。大数据是一种全新的分析范式，也有人把它简单地说成是统计学，但两者还是有巨大区别的。统计学的价值是抽样，大数据是尽可能做到全样本。

互联网发展到了大数据阶段，才有从量变到质变的接近全样本数据分析。大数据和全样本分析无敌，无所不知、无所不晓。

大数据分析对社群行为数据分析非常有用。我们能做智能定制、精准营销，基本上就是在社群行为大数据的基础上做出的。

人工智能是研究、开发用于模拟、延伸和扩展人的智能的理论、方法、技术及应用系统的技术，包括语音识别、机器翻译、图像识别、文字识别、自然语言处理、语音合成、人机对话、人机对弈、定理证明、机器学习、知识表示、专家系统、机器人、自动驾驶汽车等。马斯克的脑机接口也属于人工智能。

1956 年夏季，以麦卡赛、明斯基、罗切斯特和香农等为首的一批有远见卓识的年轻科学家在一起聚会，共同研究和探讨用机器模拟智能的一系列有关问题，并首次提出了“人工智能”这一术语，它标志着人工智能这门新兴学科的正式诞生。

人工智能的提出比互联网还要早 13 年。但是，人工智能研究一直徘徊不前。但改变发生在 1997 年 5 月 11 日，IBM 公司“深蓝”电脑击败了人类国际象棋世界冠军卡斯帕罗夫。特别是 2016 年 3 月，阿尔法围棋（AlphaGo）以 4 ： 1 的总比分，击败围棋世界冠军李世石。世界惊呼人工智能超越了人。

为什么从 1956 年到 2016 年这 60 年里人工智能没进展，而近些年有了长足进步呢？因为逻辑变了。最初研究人员是从仿生学逻辑研究人工智能的，因为人类模仿鸟，就有了飞机，模仿蝙蝠，就有了雷达。自然，人类要在人工智能上有所建树，研究模仿人的大脑的思维模式，就是很自然的逻辑。而现在人工智能用的不是仿生学逻辑，而是用的大数据逻辑。

阿尔法围棋采用的技术叫作“深度学习”，让机器通过学习不断变强，首先学完人类的 15 万份对局棋谱，然后机器左右互搏积累几十万、几百万场对局数据。这样，阿尔法围棋数据库里就有远远超过任何一个旗手的棋局数据。对局时，阿尔法围棋根据其数据库中棋局对比分析，设定排序公式，只要在规定时间确定最优的下一手即可。这样的操作从第一手直到终盘。这就是与人类思维方式有根本不同的大数据逻辑。阿尔法围棋另辟蹊径，不是仿生学逻辑，而是大数据逻辑，人工智能有了突破性进展。

如果围棋有全样本数据，那么就有固定的最优解了。但这个数据量实在是太大了，是 19^2 的阶乘（用计算器计算会直接给出无穷大的答案），即使在算力强大的今天，人们用电脑也没有能力穷尽围棋的全部下一手数据。但即便如此，拥有大数据的阿尔法围棋仍然能够轻松战胜人类最聪明的棋手。大数据让阿尔法围棋有了超过人类的人工智能。

实际上，计算机存储海量数据与人类的记忆相比，在运算速度上早就超过了人类。人们习惯把计算机叫电脑，也是这个原因。但是只有大数据，才有人工智能的味道。所以，我们把这种人工智能称为大数据智能。

以机器翻译为例。过去我们研究中文和英文语法，然后一一对应，进行匹配翻译。但是，因为文化差异，这种用语法匹配的译文，往往不知所云，效果极差。机器翻译走入死胡同。

后来我们采用大数据机器学习的办法，情况大为改观。对于一句中文或英文，我们在数据库中调出几十万条英文译文或中文译文，通过机器学习不断排序优选迭代，最终选定得分最高的译文。用大数据逻辑，目前机器翻译已经达到极高的水准，基本能够用了。机器翻译公司科大讯飞就是依靠这个逻辑而成功的。

但是，大数据智能与人类智慧还相差甚远。美国著名华裔人工智能专家李飞飞，用大数据智能的办法，训练机器学习海量的狗和猫的图片数据，最后机器能准确识别新图片是猫还是狗，但让它判断狗或猫是哭还是笑，则失败了。大数据智能有很大缺陷，可谓有智能没智慧、有智商没情商、会计算不会“算计”、有专才而无通才。

实际上，作为万物之灵的人类实在太复杂。人类有自我意识，机器没有“我”这个概念。机器只有数据库、大数据匹配。最近元宇宙里数字虚拟人很火，数字人邓丽君能开演唱会，能与线下观众实时互动，活灵活现。但数字人邓丽君是大数据，不是已经过世多年的邓丽君本尊。

人有自我（consciousness）、本我（self）、真我［mind，包括无意识（unconscious mind）］。人类有七情六欲、有感情、有感觉、有灵感。人工智能只是存储（记忆）和计算能力超过了人。碳基的人工智能永远代替不了人类。

谷歌雇员布莱克·莱莫因（Blake Lemoine）与人工智能谷歌语言模型 LaMDA 聊天互动，认为 LaMDA 已经有了 8 岁孩子的智力。2022 年 6 月的一个周日，他将自己和 LaMDA 的聊天记录公布于众。此事在网上引起轩然大波，在全球人工智能界引发讨论。专家普遍认为，LaMDA 只是从人类语言的大量统计数据库中提取后进行模式匹配，并没有自我意识，没有人格。

但即便这样，大数据智能也已有海量的应用，如精准营销、舆情监控、用户画像、智能定制、婚恋配对、人才配对、服务机器人、开车导航、自动驾驶、智能红绿灯、无人机、数字虚拟人、智能穿戴设备、智能医学影像、智慧诊疗、健康码、点餐、订票、信用评估、智能投顾、天气预报、信息搜索……

中国也对大数据和人工智能十分重视。

最新的规划是 2021 年 12 月工业和信息化部发布的《“十四五”大数据产业发展规划》，提出“十四五”时期，中国进入由工业经济向数字经济大踏步迈进的关键时期，大数据产业从培育期进入高质量发展期，到 2025 年底，大数据产业测算规模突破 3 万亿元的增长目标，增加了培育数据要素市场、新基建等内容。2015 年

4 月 15 日，全国首家大数据交易所——贵阳大数据交易所（Global Big Data Exchange，GBDEx）正式挂牌运营并完成首批大数据交易。截至 2022 年 6 月，北京国际大数据交易所、上海数据交易所已经正式上线，深圳数据交易所、广州数据交易所正处在筹备阶段。

根据 2017 年 7 月国务院发布的《新一代人工智能发展规划》，2025 年人工智能核心产业规模超过 1 500 亿元，带动相关产业规模超过 1 万亿元；到 2030 年中国人工智能理论、技术与应用总体达到世界领先水平，人工智能核心产业规模超过 1 万亿元，带动相关产业规模超过 10 万亿元。

但大数据智能商业模式，不是一般人“玩”得起的，都是大公司的“菜”，你要么已经拥有大数据，要么具有大数据智能技术。在中国，百度有搜索大数据，阿里巴巴有淘宝购物大数据，腾讯有微信使用大数据，高德、百度有行车大数据等，除此之外政府也有大数据，中国 80% 的数据资源掌握在政府手里。而人工智能技术，集中在美国亚马逊、脸书、谷歌、苹果和微软这五大科技巨头手里。

大数据智能虽然只是弱人工智能，但也有危险隐忧。英国著名物理学家史蒂芬・霍金曾多次公开表示，“彻底开发人工智能可能导致人类灭亡”。

人工智能出现后，有一个最大的争论，就是会不会使很多人失业。我们的结论是：不会。历史上每一次技术革命，都带来就业岗位的巨大增加而不是减少。比如，工业革命之后，因圈地丢了饭碗的农民，因工厂对产业工人有巨大需求，农民转化成了产业工人，结构大转变，但没有失业。只不过这时如果一个人只会种地而不会操控机器，那么肯定没活干。数字革命同样会导致结构大转变，需要会操控电脑，电脑工程师会大量增加。同样，这时如果一个人只会操控机械设备，那么就会失业。

（二）区块链

区块链起源于比特币，2008年11月1日，一位自称中本聪的人，发表了《比特币：一种点对点的电子现金系统》一文，阐述了基于点对点（Peer-to-Peer，P2P）网络技术、加密技术、时间戳技术、区块链技术等的电子现金系统的构架理念。这标志着比特币的诞生。两个月后理论步入实践，2009年1月3日第一个序号为0的创世区块诞生。几天后2009年1月9日出现序号为1的区块，并与序号为0的创世区块相连接形成了链，标志着区块链的诞生。

自区块链出现后，10余年来，境外一直演绎着各种精彩纷呈、有创意的数字化虚拟财富图景。

狭义区块链是按照时间顺序，将数据区块以顺序相连的方式组合成的链式数据结构，并以密码学方式保证的不可篡改和不可伪造的分布式账本。广义区块链是利用块链式数据结构验证与存储数据，利用分布式节点共识算法生成和更新数据，利用密码学的方式保证数据传输和访问的安全、利用由自动化脚本代码组成的智能合约，编程和操作数据的全新的分布式基础架构与计算范式。

核心技术有分布式账本、非对称加密、共识机制、智能合约、P2P通信等。

区块链具有两大核心特点：一是数据难以篡改，二是去中心化。基于这两大核心特点，区块链所记录的信息更加真实可靠，可以帮助解决人们互不信任的问题。《经济学人》杂志刊文报道：区块链是“信用机器”（见图1.9）。

区块链应用领域很广。如区块链在支付、国际汇兑、信用证、股权登记和证券交易所等金融领域有着潜在的巨大应用价值，能够省去第三方中介环节，实现点对点的直接对接，从而在大大降低成本的同时，快速完成交易支付；区块链在产品溯源和供应链管理方面的应用，可以降低物流成本，提高管理效率；区块链在救助和善

图 1.9 《经济学人》杂志提出区块链是信用机器

款发放方面的应用，可以避免中间截留，遏制腐败；区块链可以对文字、视频、音频等作品进行确权鉴权，追踪交易，司法存证，实现数字版权全生命周期管理，保护数字版权；区块链用于保险，可防骗保，也可实现智能合约自动理赔；区块链用于多元解纷、诉讼服务、审判执行和司法管理等，可以有效促进司法公信，提升司法效率，强化廉洁司法；等等。

我们认为，目前采用的是“扬链禁币”的策略，提倡和鼓励区块链技术和应用的创新，禁止“代币”的发行、挖矿、交易、支撑等。

中国在区块链技术的研发中位居世界前列。如图 1.10 所示，从 2021 年全球区块链行业专利申请地区分布看，中国的申请量达 15 985 项，占全球申请总量的 84%，位居第一。而排名第二的美国占比 8%，其申请量为 1 456 项。

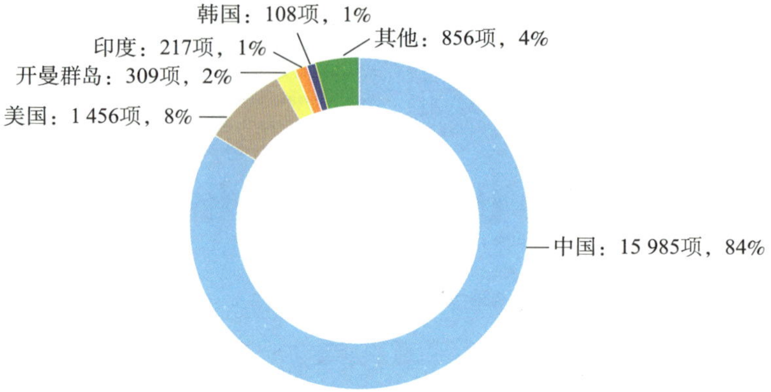

图 1.10　2021 年全球区块链行业专利申请地区分布

企洞察企业大数据显示，自从 2018 年开始，我国区块链相关企业数量总体上看在增加，到了 2021 年，当年新注册区块链企业达到了 2.3 万家。截至 2021 年底中国现存区块链相关企业共计 7.3 万家（见图 1.11）。但从注销企业数量来看，人们的风险意识以及辨别能力有着很明显的提升，那些不正规的小型区块链企业正在大批“死”去，2021 年关停的区块链企业有 7 470 家。

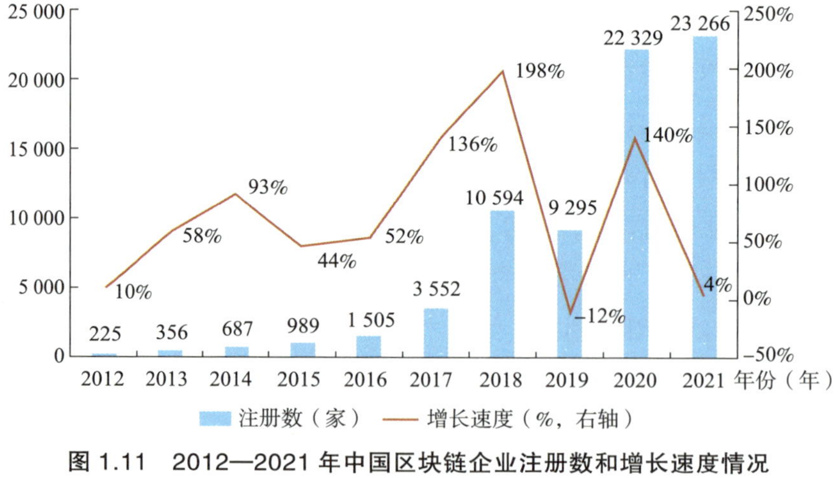

图 1.11　2012—2021 年中国区块链企业注册数和增长速度情况

资料来源：企洞察。

（三）元宇宙

2021 年是元宇宙元年。

2021 年 3 月，腾讯 G 轮 1.5 亿美元参投的美国沙盒游戏平台 Roblox，以元宇宙第一股的身份在美国纽约证券交易所上市，持续上涨的股价使市场看到了元宇宙的魔力。元宇宙概念因此走红。

2021 年 4 月，全球首个大型互动现场活动“River Peak”爆火，该活动面向全球开放，吸引了来自美国、印度、墨西哥和菲律宾等 70 多个国家 / 地区的玩家，在线人数峰值约 5 万人，服务器上每集的观看量平均可达 1 000 万人次。“Rival Peak”是世界上第一款真正意义上的原生云游戏。2021 年 4 月，芯片公司英伟达（NVIDIA）发布了元宇宙虚拟工作平台 Omniverse，首席执行官（CEO）黄仁勋以逼真的 1 ∶ 1 虚拟形象现身 14 秒，其所处场景也是渲染出来的虚拟画面，他还展示了根据其本人形象生成的虚拟人 Toy-Me。

2021 年 5 月，微软 CEO 萨提亚·纳德拉（Satya Nadella）表示公司正在努力打造一个“企业元宇宙”。

2021 年 7 月，日本经济产业省发布了《关于虚拟空间行业未来可能性与课题的调查报告》，归纳总结了日本虚拟空间行业亟须解决的问题，以期能在全球虚拟空间行业中占据主导地位。

2021 年 8 月，海尔率先发布的制造行业的首个智造元宇宙平台，涵盖工业互联网、人工智能、AR、VR 及区块链技术，实现智能制造物理和虚拟融合，融合“厂、店、家”跨场景的体验，实现了消费者体验的提升；2021 年 8 月，英伟达宣布推出全球首个为元宇宙建立提供基础的模拟和协作平台；2021 年 8 月，字节跳动斥巨资收购 VR 创业公司 Pico。

2021 年 10 月，美国社交媒体巨头脸书（Facebook）宣布更名为 Meta。

2021 年 11 月，韩国宣布打造“元宇宙首尔”，依据《元宇宙首尔五年计划》，分三个阶段在经济、文化、旅游、教育、信访等市政府所有业务领域打造元宇宙行政服务生态。这是韩国地方政府在VR服务领域提出的首个工作规划。2021年11月，中国浙江、上海等地表态支持元宇宙发展，将其纳入发展计划。2021年11月，英伟达将其新发布的Omniverse平台定位为“工程师的元宇宙”，是一个易于扩展的开放式平台，专为虚拟协作和物理级准确的实时模拟打造，并由NVIDIA RTX技术提供动力支持以进行实时协作。创作者、设计师、研究人员和工程师可以连接主要设计工具、资产和项目，从而在共享的虚拟空间中协作和迭代。2021年11月，天下秀基于对内容创业者商业变现模式的持续探索，敏锐地捕捉到元宇宙将是最新的解决路径，推出国内首个3D沉浸式社交应用——虹宇宙。

2021年12月，百度Create 2021（百度AI开发者大会）发布元宇宙产品“希壤”，百度Create 2021在“希壤”App里举办，这是国内首次在元宇宙中举办的大会，可同时容纳10万人同屏互动……2021年12月6日，元宇宙入选“2021年度十大网络用语”。

元宇宙始于1992年国外科幻作品《雪崩》里提到的“元宇宙”（Metaverse）和“化身”（Avatar）这两个概念。人们在元宇宙里可以拥有自己的虚拟替身。

关于元宇宙，较被认可的思想源头是，美国数学家和计算机专家弗诺·斯特芬·文奇（Vernor Steffen Vinge）教授在其1981年出版的小说《真名实姓》（*True Names*）中，创造性地构思了一个通过脑机接口进入并获得感官体验的虚拟世界。

元宇宙简单地讲就是3D版全息互联网。从电脑上网，到手机上网，都是平面互联网。而元宇宙就不一样了。互联网不是平面的网页，而是三维的虚拟空间；上网的不是电脑、手机，而是目镜等能有视听触等感觉的可穿戴设备，有身临其境的沉浸感。除了3D虚拟空间外，数字虚拟人是元宇宙的一个重要创新。数字虚拟人可播报，可与线下受众互动。元宇宙有大量数字资产，包括原生资产、孪生资产，为参与元宇宙的人提供丰富的创造数字财富的空间。

元宇宙涉及非常多的技术，包括人工智能、数字孪生、区块链、云计算、拓展现实、机器人、脑机接口、5G 等，包括五个板块：

一是网络和算力技术，包括空间定位算法、虚拟场景拟合、实时网络传输、图形处理器（GPU）服务器、边缘计算，可以降低成本和网络拥堵。

二是人工智能。

三是电子游戏技术，如支持游戏的程序代码和资源（图像、声音、动画）的游戏引擎。

四是显示技术，VR、AR、混合现实（Mixed Reality，MR），特别是扩展现实（Extended Reality，XR），持续迭代升级，虚拟沉浸现实体验不断提升，感知交互不断深化。

五是区块链技术。通过智能合约、去中心化的清结算平台和价值传递机制，保障价值归属与流转，实现经济系统运行的稳定、高效、透明和确定性。

Roblox 给出的元宇宙包含八大要素：身份、朋友、沉浸感、低延迟、多元化、随时随地、经济系统和文明。

元宇宙正在拓展其应用范围，包括游戏、展览、教育、设计规划、医疗、工业制造、政府公共服务等。

1. 工业

制造业长期以来一直拥有物理设施“数字孪生”的概念。制造是一个极其复杂的过程，通过虚拟空间来运行工厂生产过程的模拟，公司经理可以识别和分析如何更高效、更安全地完成工作，而无须进行物理测试。

有了工业元宇宙，工程师可以非常方便地进入工业虚拟元件的内部进行观察。例如，在真实环境中的逼真的“宇宙”虚拟元场景中试车。

2. 文旅业

文旅元宇宙拓展了时空，我们可以在本地虚实相融的空间中，看到远方，获得趣味性和沉浸感。文旅元宇宙将允许人们使用 VR 设备在不离开家的情况下“环游”世界。

3. 教育

通过教育元宇宙，我们可以直接把太阳虚拟化到我们的元宇宙中，学生可以直接看到太阳的情况，调整观察太阳的距离，以获得更好的视觉效果，更好地感知太阳的变化。

4. 互联网

元宇宙是 3D 版的互联网，是二维互联网向三维互联网的升级。元宇宙不是简单浏览网页，而是沉浸式地融入其中，身临其境。元宇宙是 VR/AR，包括虚拟数字人、虚拟网络空间、3D 视听内容等。

5. 游戏

不同人对元宇宙有不同定义。有的人认为元宇宙就是一个 VR 游戏，有的人认为元宇宙是未来真实世界和数字世界的统称。无论如何，游戏特别是 VA/AR 游戏，是元宇宙一个典型的应用领域。

6. 房地产

在元宇宙中，每一块地都被赋予了独一无二且不可复制的 NFT，并以此来区分每个地块和每笔交易。

在元宇宙中，玩家可利用土地、房屋等虚拟空间进行创造、社交、游戏等行为。因此，要想在其中占据一席之地，用户便需要拥有虚拟土地或房屋。当然，这些虚拟土地或房屋无法在现实世界使用。

但在虚拟世界中，炒作因素更加难以避免。同时，虚拟资产交易当下在不少国家也存在法律风险。

2021 年 11 月，加拿大投资公司 Tokens 的子公司 Metaverse Group 以 61.8 万 MANA（流通于虚拟世界平台 Decentraland 的加密

货币）在 Decentraland 中购买了一块虚拟土地，按照当时的价格计算，购买这块虚拟土地大约花了 243 万美元（约合人民币 1 548 万元），创下该平台虚拟房产价格的纪录。

一家投资和开发虚拟房地产的公司 Republic Realm 以 430 万美元（约合人民币 2 739 万元）的价格在沙盒游戏平台 The Sandbox 上收购了一块虚拟土地，再次刷新虚拟房产交易价格纪录。

著名歌手林俊杰通过社交媒体表示，他已在 Decentraland 上购置了 3 块虚拟土地，据估算共花费约 12.3 万美元（约合人民币 78.4 万元）。

7. 汽车行业

日经新闻 2022 年 4 月 24 日报道，日产和丰田已开始利用基于 VR 技术的元宇宙。日产在虚拟空间里再现了东京银座的实体展厅，用于企业宣传和商品营销。丰田设置了虚拟办公室，用于召开车辆开发会议和员工日常交流。引入虚拟空间的动向扩大到了日本的大型汽车企业。

从现如今的情况来看，各大科技企业主要还是依托其既有优势来布局元宇宙领域，主要可以分为 3 种模式：

第一种是聚焦核心元器件和基础性平台领域，加快布局元宇宙硬件入口和操作系统，以英伟达、Meta、微软等国际数字科技巨头为主，字节跳动等国内企业也在加快推进元宇宙相关硬件的研发。

第二种是聚焦商业模式与内容场景，探索元宇宙相关应用场景落地，以国内数字科技巨头为主，如腾讯表示将在游戏、社交等领域加快对于元宇宙的研究开发。

第三种是政府推动企业入局模式，以韩国企业为主。韩国是全球推进元宇宙产业发展最为积极的国家之一，其首都首尔在 2021 年 11 月宣布成为首个加入元宇宙的城市政府；同时，韩国元宇宙产业的发展主要是相关政府部门牵头，引导和推动三星、现代汽车、LG 等企业组成“元宇宙联盟”，形成企业在元宇宙领域的发展合力，以此推动实现更大范围的VR连接，并建立韩国国家级元宇宙发展平台。

需要注意的是，国内外元宇宙领域的争夺战已经如火如荼，元宇宙产业的全球不均衡发展态势正在逐步形成。由于元宇宙概念很新，中国政策、行业、企业和社会大众，正在积极学习研究元宇宙的机会与空间，预计元宇宙作为数字经济的一个有生力量，将会有很好的发展。

（四）NFT/数字藏品

早在2021年初，数字艺术家迈克·温克尔曼（Mike Winkelmann，艺名为Beeple）以拼贴的方式，将自己此前创作的数千幅画作组成了一幅数字艺术作品《每一天：最初的5 000天》，这件作品最终以6 934万美元的价格拍出。这也是佳士得拍卖行首件以NFT形式拍卖的艺术品。

2021年5月，数字收藏品Bored Ape Yacht Club（BAYC）诞生，无论是在价格涨幅还是知名度、社交资本等层面，BAYC带领着NFT头像收藏品上升到了此前无法想象的高度。

什么是NFT？

一般认为，NFT是指基于区块链技术的非同质化代币，也可理解为一种运用了区块链技术的数字资产所有权证明。不同于比特币等同质化代币，NFT具有不可分割、不可替代的特性。每个NFT都代表一份独一无二的数字资料，作为虚拟商品所有权的电子认证或证书。简单来说，NFT就像数字资产的身份证，它能够指向数字艺术、游戏、域名、门票等任何内容，使其成为可以永久拥有、保存、追溯的数字资产。

国外NFT应用的主要领域有艺术品、认证头像、虚拟土地、游戏、会员、社交、音乐、品牌、域名、去中心化金融等。最大的平台OpenSea占据了NFT整个交易量的80% ~ 90%。

微软公司的创始人比尔·盖茨（Bill Gates）在2022年6月14

日的 TechCrunch 气候会议上恢复了过去对数字资产的批评，将 NFT 等加密货币项目称作“基于博傻理论（greater fool theory）”的骗局。特斯拉 CEO 埃隆·马斯克可以算是最出名的加密货币“带货者”之一。他曾不止一次公开表示，个人拥有一些比特币、狗狗币和以太币。不过，马斯克对 NFT 似乎并不“感冒”。

NFT 进入中国，大家新创了一个词叫“数字藏品”。我们主张将国内的数字藏品与国外的 NFT 区别开来，不仅是叫法不同，而是希望将数字藏品约束在商品属性或一级市场，不像国外 NFT 具有金融属性或进入二级市场。上海“十四五”数字经济规划明确提出支持龙头企业探索 NFT 交易平台建设，这样，补齐了 NFT 金融属性或二级市场，逻辑更闭环。这个 NFT 交易平台具体如何实施，我们还要继续跟踪。

《人民日报》2022 年 6 月 10 日第 10 版刊发的《善用数字藏品拓展应用场景》文章，提出“善用数字藏品的正向价值，让其远离炒作，就能激发更多新动能，为人民美好生活需要提供更多选择”。这是权威媒体首次对数字藏品的定性。

我们认为，不能将国内数字藏品等同于国外 NFT。国内数字藏品与国外 NFT 的性质完全不同。

人民网 2022 年 6 月刊文《数字藏品 = NFT？有关联更有本质区别》。文章称，数字藏品与 NFT 有所关联，但有本质区别。国家新闻出版署科技与标准综合重点实验室区块链版权中心主任刘天骄指出，国内数字藏品与国外 NFT 有三点区别：第一，国外的 NFT 基于公链，公链对所有人开放，任何人可参与、读取数据、发送交易等。“国外 NFT 最核心的特点是不受管理，不受控制，没有任何人或者机构进行监督。而国内的数字藏品基于联盟链，很多区块链、联盟链是由政府搭建的基础设施，我们国家对联盟链进行了管理。”第二，在发行藏品的内容上，国外的 NFT 没有经过版权审核，国内规范的数字藏品必须经过内容审核才能上链进行发布。“我们把数字藏品定位成数字出版物，就是要经过出版发行之后，才能进行流通和售卖。”第三，国外的 NFT 是把一个作品或者某个虚拟的东西进行“通证”化，传递的不是真正的数字文创作品、数字版权作品的价值。这对人们了解数字藏品有积极意义。

自 2021 年以来，中国数字藏品这片新蓝海正在吸引更多主体加入，行业生态圈已经初现。

一是大型互联网公司带动。

2021 年 6 月，支付宝联合敦煌美术研究所，在“蚂蚁链粉丝粒”支付宝小程序上限量发布了“敦煌飞天”和“九色鹿”两款付款码皮肤，各自发行 8 000 份；2021 年 8 月，腾讯上线了“幻核”App，首期限量发布“有声《十三邀》数字艺术收藏品”，首期限量发售 300 枚；京东也紧随其后，于 2021 年 12 月上线灵稀数字藏品交易平台，首批以京东形象代表 5 款吉祥物“Joy”为仪表的数字藏品，价格为 9.9 元一枚，每一版数量为 2 000 份。有头部互联网企业做信用背书，这些平台发布的产品大部分一经推出即被抢空。

二是重磅文化机构推波。

河南博物院发布的文创数字藏品“妇好鸮尊”，售价 19.9 元，限量 1 万份，1 秒内即宣告售罄；湖北省博物馆发行的 1 万份镇馆之宝“越王勾践剑”的数字藏品，同样上线即售罄；四川成都金沙遗址博物馆基于“太阳神鸟”“大金面具”等文物推出的 6 万份数字文创也在 50 秒内售罄。广东省博物馆将馆藏文物“石湾窑陶塑金丝猫”包装成数字藏品。

三是媒体报道。

新华社官方平台于 2021 年 12 月 24 日发行的限量藏品中国首套“新闻数字藏品”，是将精选的 2021 年新闻摄影报道进行重新包装打造而成的。截至 2022 年 6 月，已有新华网、新华出版社、央视动漫、光明网、人民网、《中国青年报》6 家媒体介入数字藏品，共发行了数字藏品超 40 万份，而央媒旗下的数字藏品、数字版权平台已有时藏、新华数藏、灵境·人民艺术馆等4家。中国演艺界推出了首个数字藏品——以春节联欢晚会上大热节目《只此青绿》包装而成的一款纪念票及系列创新形式呈现的数字藏品。

上海市人民政府办公厅关于印发《上海市数字经济发展“十四五”规划》的通知2022年7月12日正式对外发布，规划中多处提及NFT、元宇宙、区块链等内容，支持龙头企业探索NFT交易平台建设，研究推动NFT等资产数字化、数字IP全球化流通、数字确权保护等相关业态在上海先行先试，并提升数字新基建，推进Web3.0的关键技术。这是国内地方政府首次明确支持NFT而非数字藏品，以及鼓励Web3.0的建设和发展。

7月25日，国家互联网信息办公室（以下简称“国家网信办”）发布了第九批区块链信息服务备案编号的公告，根据《区块链信息服务管理规定》，国家网信办公布了348个备案编号，其中包括多家数字藏品相关企业，超过150个数字藏品相关服务。

我们认为：

数字藏品在一级市场的发行是商品市场行为，是国家政策鼓励的“文化”方向，可发挥区块链的确权、封装、溯源、存证功能，对现有电商的外延放大，这个市场很大很有潜力。

数字藏品在二级市场的交易是金融市场行为，目前国家没有对社会开放。上海数字经济规划提出“支持龙头企业探索NFT（非同质化代币）交易平台建设”，具体实施值得期待。

国家网信办对多家数字藏品企业备案，是一个积极信号，可以看作是对数字藏品一级市场的确认。

当前数字藏品行业已初步完成了概念试错期，必然大浪淘沙、沙里淘金，要朝着拼实力、拼应用、拼实际价值的方向行进。数字藏品是一个新生事物，有争议非常正常，有变化是好事。我们认为数字藏品仍然是一个蓝海，尽管目前很不成熟，但未来潜力巨大。

四是企业追捧。

iBox 平台上推出了一款名为“NFT 大闹天宫”的系列数字藏品。我国已有众多企业发行了数字藏品。

五是内容 IP 拓展。

内容 IP 因为能够直接面向消费端收费，所以可以将数字藏品视为一种特殊形式的衍生品，是不容忽视的参与机会。腾讯视频、芒果 TV、优酷、爱奇艺等都有内容 IP 的数字藏品拓展。内容 IP 所具有的内容厚度、用户黏性和共识基础为数字藏品赋予了新的价值属性，也打开了面向更多普通消费者的切口。数字藏品为内容厂牌 IP 变现提供了一条绕开复杂冗长的产业链、直达下游产品的最短路径。游戏、动漫、电影衍生品、数字人头像、非遗等创意产品，“万物皆可藏”。数字藏品的优势就在于比盲盒等轻型衍生品还要“轻”，制作周期短，验证成果快，所以成本更加可控，前期投入的风险相对低，更不用面临来自制作实体衍生品库存的压力。数字藏品的灵活性意味着内容公司可以更快地抓住内容在播的热度期。

六是传统交易平台试水。

文化产权交易所（以下简称“文交所”）是传统文创交易平台。数字藏品出现后，文交所也是本着“摸着石头过河”的精神积极跟进。中国已有很多文交所对接数字藏品交易，如：2021 年 12 月，成都文交所发布了全国首家数字文化产权交易平台；2021 年 12 月，新华网与上海文交所合作构建国家级数字文创规范治理生态矩阵；2022 年 1 月，三人行与北京文化产权交易中心签订战略合作框架协议，拟共建数字文化创意产品交易平台；2022 年 1 月 4 日浙文互联与浙江文交所达成合作，共建 NFT 艺术交易社区；2022 年 3 月，由《城报》和杭州文交所共同打造的浙江首份报刊类数字藏品在 Art Meta 平台发布。

曾经，收藏品可以是一幅画、一张邮票，或是一瓶名酒等，它们通常都具有一定的实用价值。而现在，数字藏品大多仅存在于网络上，因而不少人都感到疑惑，数字藏品到底有何价值？

从艺术圈看，数字藏品是一种新的艺术品欣赏体验和收藏方式，也为艺术创作者提供了一种全新的输出作品形式。数字藏品使创作者在艺术风格上有了一个大胆的突破，也使作品被更多人看到和喜爱。数字藏品打破了艺术市场长期被大画廊垄断的局面，让定价权回归作者本身，同时，也有效地防止了抄袭、盗版行为，有利于文化数字化发展。

艺术固然重要，营销也必不可少。著名印象派画家凡·高，只会画画不会营销，37 岁穷困潦倒而死，世间少了一位天才，少了许多艺术大作。西方现代派绘画代表人物毕加索，既会画画又会营销，活了 92 岁，一生代表作无数。

从目标用户看，数字藏品往往代表了一种圈层认同，用户收藏的数字藏品会展示在个人主页上的醒目位置，这其实就是一种“身份标识”。一部分人是出于好奇，由于目前大多数数字藏品的发行价格很便宜，头批参与者都是“尝鲜”的心态，有些人是喜欢某种 IP，有些人是为了在社交圈“炫酷”，也有些人瞄着有可能的“升值”（见图 1.12）。

图 1.12　冬奥会创意墙：冬奥会大雪停赛，大众用雪人表达心情

从赋能实体看，数字藏品提供了传统行业新的发展思路和契机。由于自带“线下”的基因和场景，传统行业一旦与数字藏品相碰撞，往往就会产生奇妙的化学反应。如某“数字村民”系列藏品，其权益包括每年免费在入股民宿住宿一晚、优先获得相关经营性资产的承租权或经营权等。得益于这种新玩法，“数字村民”系列藏品一上线即售罄，销售收入达30万元。某消费品牌计划发布3款泡泡枪数字藏品，在音乐节上推出，设计成年轻人喜爱的网红玩具造型，也符合音乐节时尚潮酷的格调，将会丰富品牌的IP价值，是一次消费、时尚、艺术、文旅等多元素融合的新尝试。

从平台看，包括阿里巴巴旗下的蚂蚁链、腾讯至信链、百度超级链、B站高能链、京东至臻链等，利用其拥有大量用户、IP、技术资源拔得头筹，蚂蚁链上的琼探已占有了60%多的数字藏品市场。而最近，腾讯至信链的幻核业务要转行，一是对数字藏品有不同的认知，二是数字藏品已从概念试错期转变为理性经营期。

目前中国数字藏品顶层设计有五个要点：一是要合规，要设计符合中国国情的合规的业务，不要盲目照搬国外。二是要对数字藏品行业发展进程精准把握。目前数字藏品已过了概念试错期，已到拼实力、拼实际价值的理性经营期，数字藏品好喝的“头道汤”已然不存在了，这个时候干数字藏品就需要谨慎了。三是企业要有区块链技术，至少要有懂区块链技术的高级人才。四是用户规模要有优势。五是要有合作资源。

目前数字藏品主要有孪生、原生和共生三种形态。所谓孪生即镜像方式在数字世界映射现实作品，要用360度扫描和大数据储存；所谓原生则是作者在数字世界中直接创作的作品，电脑作画，抖音里的短视频也属于这类；所谓共生是将现实与数字联系起来的交互作品，许多权益类数字藏品如提货单就是这类。

当前，我国数字藏品还属于早期不成熟的探索阶段。

一是部分数字藏品品质不高；二是抄袭和盗版仍未很好解决；三是依然存在违规交易和平台跑路的风险。

比如，2022年4月20日，杭州互联网法院判决了一起数字藏品侵权案例。原告奇策公司告某平台发布的该平台用户“胖虎打疫苗”数字藏品侵权。法院裁定该平台侵权，认为数字藏品平台需要承担较高的事前审查义务，开展数字藏品业务建议要有严格的事前审查机制，同时要设立举报机制。这也被业界称为国内数字藏品侵权第一案。

再比如，数字藏品开发企业需要遵守数据合规要求，应遵循《中华人民共和国个人信息保护法》。

2022 年 4 月，中国互联网金融协会、中国银行业协会和中国证券业协会联合发布《关于防范 NFT 相关金融风险的倡议》，明确要求坚决遏制 NFT 金融化证券化倾向，从严防范非法金融活动风险。

我们认为，对待新技术、新概念，既要鼓励创新，也要避免出界。

一是坚持以内容和价值为导向。数字藏品在媒介形式上发生了改变，是否有收藏价值依然取决于它的本质，即美的价值、社会价值和时代价值。艺术家们仍应该以时代价值观为导向，专注于自己的创作，而不要太过注重炒作噱头。藏家在使用新媒介形式的同时，更应学习艺术史，关心艺术的本质，真正喜欢艺术。

二是打造更加丰富多元的应用场景。数字藏品为大众提供一种新的艺术与生活交互体验。数字藏品与现实生活之间产生碰撞，或许可以促成更多有趣的事件。未来，数字艺术将与传统艺术并存发展，并依托于自有的特性展现出更多可能性。

三是文博单位应积极把握数字藏品应用趋势。2022 年 4 月，国家文物局召开数字藏品有关情况座谈会，会上达成共识，即文博单位不应直接将文物原始数据作为限量商品发售；建立权责明晰、程序规范、统筹有力的管理制度，牢牢把握意识形态导向，确保文物信息安全。消费者应选择合理合法、健康有序的收藏方式，维护自身正当权益。

四是探索合规的数字藏品交易平台。上海市政府在其数字经济

“十四五”规划中已明确提出支持龙头企业探索 NFT 交易平台建设。

五是普通消费者应该持有理性消费态度。

据《2022 数字藏品研究报告——NFT：中西方价值捕获之路的分化》统计，2021 年中国数字藏品发行了约 456 万份，总发行价值约 1.5 亿元。以阿里巴巴为首的互联网巨头占据了绝大部分的市场份额。据不完全统计，阿里巴巴旗下的鲸探平台，2021 年发行了约 302 万份，占总发行量的 66.2%。据数据领域研究平台头豹研究院测算，2026 年中国数字藏品市场规模将达 300 亿元。截至 2022 年 6 月 15 日，据不完全统计，中国数字藏品发行平台数量已经突破 500 家。形成鲜明对比的是，2022 年 2 月，中国数字藏品平台仅有 100 余家。

中国目前数字藏品还在早期发展阶段，大家都在摸着石头过河。数字藏品所具有的唯一性、可确权性和不可篡改性，使它相比传统文创产品，对消费者有着更强的吸引力，也有利于和实体产业，比如文旅、乡村振兴、碳汇等项目做更长线的合作。只有让数字藏品和实体产业进一步紧密结合，才能让数字藏品找到更多更新的出路，实现更长久的生命力和更大的活力。

（五）DAO/Web3.0

DAO 是基于区块链核心理念，由达成同一个共识的群体自发产生的共创、共建、共治、共享的协同行为而衍生出来的一种数字组织形态。DAO 是公司这一组织形态的进化版，是人类协作史上的一次革命性的进化。2016 年，以太坊创始人布特林发起了世界上第一个 The DAO。至今，DAO 已经经过了长期的发展，作为区块链技术所倡导的去中心化理念的延伸，DAO 的应用越来越广泛。以 DAO 为基础的组织日趋完善和成熟，在 Web3.0 时代发挥着越来越重要的作用。

Web3.0 的概念比 DAO 还早，最早出现在 2014 年，由以太坊联合创始人及波卡创建者加文·伍德（Gavin Wood）首次提及，笼统地说是指基于区块链技术搭建的“去中心化生态系统网络”。

直到 2020 年和 2021 年，以太坊链上以开放式金融为主的应用逐渐出现，多条公链进入市场并产生竞争关系，NFT、链游、链上虚拟空间开始成为去中心化金融（DeFi）之外的应用场景，“去中心化生态系统网络”开始变得可落实。加密领域知名风投机构 a16z 重提 Web3.0，并开始将资金投入这个细分赛道上，投资了 Coinbase、OpenSea、Dapper Labs、Uniswap 等区块链头部项目。至此，Web3.0 才开始热络起来。

2021 年 12 月 8 日，美国众议院金融服务委员会进行了一场名为“加密资产和金融的未来”的听证会，美国货币监理署前署长、时任 BitFury CEO 布里安·布鲁克斯（Brian Brooks）向国会议员详细科普了 Web3.0——“一种可被用户拥有的互联网”。

什么是 Web3.0？ Web1.0 是“可读”的互联网，这个时期的企业代表以搜狐、新浪、网易、雅虎、谷歌等传统的门户网站为主，用户只可获取信息，不能够编辑信息；Web2.0 是“可读 + 可写”的互联网，用户不仅可以阅读网站提供的内容，也可以随时随地借助平台提供方的云存储技术在网络上发表自己的意见，例如从早期的博客、微博，到微信公众号、B 站、抖音等新媒体平台产品形式的变化，人人都可成为创作者；Web3.0 除可读、可写外，还可拥有、可交易（见图 1.13）。用户写的内容是数据资产，可确权，还能卖给别人。Web3.0 是未来互联网。

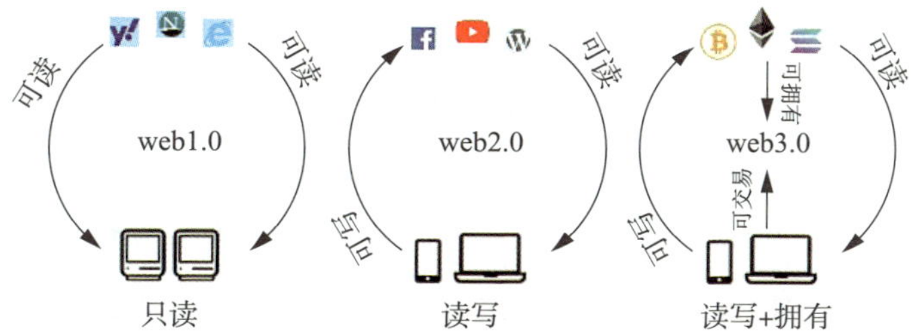

图 1.13　Web3.0 是可读、可写、可拥有、可交易的互联网

Web3.0 是创建者和用户所拥有的互联网，由区块链智能合约、“通证”的去中心化社区编排而成。在 Web3.0 中，用户创建的任何内容（如帖子或视频）以及他们购买的数字对象（如 NFT）完全归用户自己而不是控制底层数据的平台所有。这些数字资产通常是根据公共区块链上的互操作标准创建的，而不是私人托管在公司的服务器上。这使他们的资产变得“易于携带”。原则上，用户可以随时离开任何特定的平台，用户可以连同他们的数据一起从该应用程序退出，然后移动到另一个平台。

这是一个重大转变，将有可能从根本上改变数字公司的运营方式，用户的数据和资产转移能力带来了新的竞争压力来源，这可能迫使这些原有的巨头公司更新其业务战略。

给众多企业家讲 Web3.0 的李宗恩博士，很早就理解宣传了“算法推荐的广告模式”，最终张一鸣的字节跳动实现了他的梦想！

技术是一个瓶颈。目前来看，Web3.0 技术要安全并可供普通消费者使用，还有很长的路要走。布特林提出的 SBT 和去中心化社会（DeSoc）或许是一个思路。

2022 年 6 月，以太坊创始人布特林联合微软研究院首席研究员 E. 格伦·韦尔（E. Glen Weyl）、研究机构 Flashbots 的研究员普贾·奥尔哈弗（Puja Ohlhaver）发布名为《去中心化社会：寻找 Web3.0 的灵魂》的论文，提出 Web3.0 构想，以代表“灵魂”般的承诺、凭证和从属关系的不可转让 SBT，编码实体经济的信任网络及更丰富、多元化的生态系统 DeSoc，而实现在持久的、不可转让的关系之上的无抵押贷款和个人品牌建立。

SBT 简单理解就是个人标识（Logo）的声誉度数据，比如个人的姓名和微信头像，不同人的价值不同，不能转让只能增减，但可抵押和干相应的事。这个是基于数据的，而不像一般钱包地址是基于 IP 地址的。DeSoc 是去中心化的智能合约系统，以区块链技术为基础。SBT 与 DeSoc 彼此成就。

这是真正的Web3.0，从去中心化自治中心（Decentralized Autonomous Organization，DAC）到DAO，再到去中心化自治社会（Decentralized Autonomous Societies，DAS），不断迭代。OpenSea、Coinbase或Binance只是Web2.5。DeSoc是随机的多元社区，一个由个人和社区组成的网络，作为彼此的新兴属性，共同决定自己的未来。SBT不会使数字基础设施天然地具有民主性质，但会与民主兼容，这也取决于个体和社区的共同决定。Web3.0与Web2.0的威权和DeFi的无政府状态相比，打开这个可能性空间是显著的进步。

Web3.0时代的去中心化身份（Decentralized Identifier，DID），如果没有SBT的地址及隐私数据的独占及绝对安全，所谓的数字人、NFT、元宇宙就无所依附！就像“没有肉体，灵魂就无所依附”一样，当今世界除了以太坊，MEMO等Web3.0时代的先驱者，还有谁仔细思考过这一点？

日本把Web3.0提升到国家战略层。2022年6月，日本首相岸田文雄在众议院（下议院）预算委员会发表声明，他说：“Web3.0时代的到来可能会引领（日本）经济增长。我们相信，整合元宇宙和NFT等新的数字服务将为日本带来经济增长。随着我们进入Web3.0时代，我强烈认为我们必须从政治角度坚决推动这种环境的产生。”

岸田文雄补充说，他的目标是培育该领域的初创公司，支持旨在吸引海外资本的科技公司，并誓要使日本在Web3.0领域成为“有吸引力的投资目的地”。日本已经在国家发展战略层面明确了Web3.0的重要性，相信随后包括财政、税收、监管等领域一系列鼓励、配套政策都会相继出台。日本将步入Web3.0发展的快车道。

如今世界已进入数字资产时代。企业资产数字化和个人资产数字化是未来发展方向。自区块链诞生以来，国外形成了三个阶段：

第一个阶段是比特币、以太币等，区块链是一个实验，参与的最高人数超过1亿人。因为比特币、以太币等没有实体资产背书，容易产生“空气币”和“割韭菜”。

第二个阶段是 NFT，背后有艺术品、创意品价值背书。这朝着赋能实体经济进了一步。中国有数字藏品这个品类，希望这个行业能够行稳致远。

第三个阶段是 Web3.0 阶段，展望未来，如果能够把大众创作在数字资产中表达出来，其将是一个新的增长点。

国外从“通证”到 NFT，由有价值背书代替“空气币”，已经是一个巨大进步。如果再实现 Web3.0，大众能够借此创作和交易自己的 IP 资产，特别是广大的年轻人有了一个新的致富途径，普通人也可以逆袭。Web3.0 有潜力为每个人解锁更有价值的互联网，这就是一个巨大的时代进步。

在国外，Web3.0 的发展逻辑还未成形；在中国，Web3.0 的发展更是处于早期。让子弹在国外先飞一会儿。好饭不怕晚。

第二章

互联网平台经济需要升级

一、中国电子商务成绩斐然但已显现“天花板”迹象

平台经济是信息互联网的典型经济形态，近些年来增长迅猛，已成为经济发展的一支生力军。在新冠肺炎疫情肆虐期间，平台经济并没有受到太大影响，反而因为其非接触特点，增长势头不减。

广告、游戏、电商，一直以来都被认为是互联网永恒的三大变现模式。一些头部广告平台，收入增速都在下滑；游戏业务的发展也面临一些挑战。数字经济最吸睛的是电子商务。

1999 年作为中国电商元年，意味着中国电商真正进入了实质化商业阶段。从初期受国外影响巨大而造成的平台电商发展不顺，到今天的平台电商、跨境电商、直播电商、农村电商、社区电商等融合、多元发展的良好局面，中国电商经历了飞速发展的 20 余年。

电子商务是中国经济最近一些年亮丽的风景线。最近，直播带货和跨境电商成为新宠。最流行的互联网商务手段之一是“直播—销售—配送”模式。抖音电商过去一年交出的成绩单——卖出超 100 亿件商品，相当于抖音 6 亿日活用户一年里每人至少买了 16 件商品。字节跳动对电商的野心，已不局限于短视频和直播电商。

随着电商的发展，中国消费的区域边界逐渐被淡化，尤其是随着农村电商的推进，工业品下行，农产品上行，城乡消费被打通；电商借助互联网技术革新颠覆了旧有的商业模式，将一部分效率低

下的门店业务搬运到网上，网上购物提高了效率；伴随着电商的发展，互联网支付、信用体系相伴相生，物流产业迅猛发展；电商通过自身的发展不仅成就了互联网企业本身，还为中小企业提供了创新消费服务的契机，也倒逼着大型企业转型升级。消费不振是经济下行压力一个特别重要的因素。电商发展既可以解决现实消费问题、释放经济新活力，又能够促进产业转型升级，助力经济高质量发展。

中国网上零售额占全部消费品零售额的比重逐年提高。国家统计局数据显示，2021 年，全国网上零售额达 13.08 万亿元，同比增长 14.1%，增速比 2020 年提高了 0.68 个百分点（见图 2.1）。其中，实物商品网上零售额 10.8 万亿元，首次突破 10 万亿元，同比增长 12.0%，占社会消费品零售总额的比重为 24.5%，对社会消费品零售总额增长的贡献率为 23.6%（见图 2.2）。2021 年，淘宝电商独占鳌头，市场份额是 53%。直播电商抖音和快手，成为仅次于阿里巴巴、京东和拼多多三巨头的新型电商平台，市场份额分别达到 5% 和 4%。

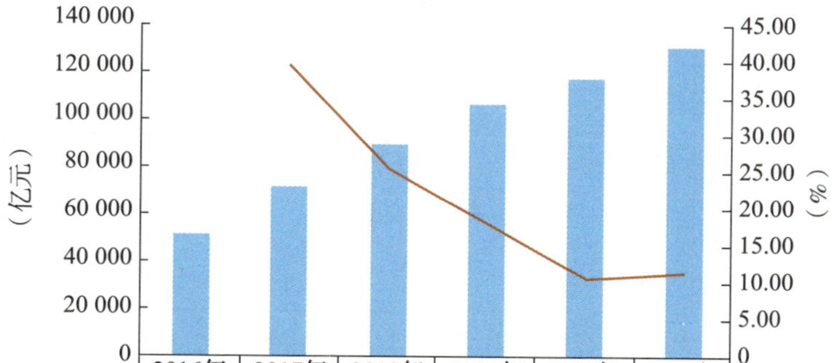

	2016年	2017年	2018年	2019年	2020年	2021年
网上零售额（左轴）	51 556	71 751	90 065	106 324	117 601	130 884
增速（右轴）		39.17	25.52	18.05	10.61	11.29

图 2.1　2016—2021 年中国网上零售额及增速

资料来源：智研咨询。

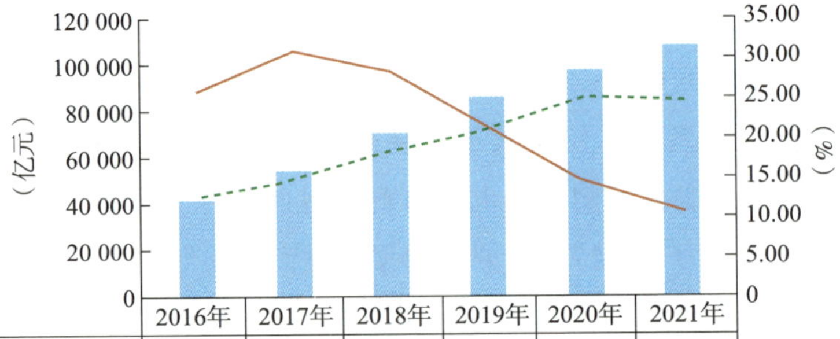

	2016年	2017年	2018年	2019年	2020年	2021年
网上商品零售额（左轴）	41 944	54 806	70 198	85 239	97 590	108 042
同比增速（右轴）	25.60	30.66	28.08	21.43	14.49	0.71
占社会消费品零售总额比重（右轴）	12.6	15.0	18.4	20.7	24.9	24.5

图 2.2　2016—2021 年中国网上商品零售额及占比

资料来源：智研咨询。

2015—2021 年中国社交电商行业交易规模及增长、2017—2021 年中国直播电商市场交易规模及用户规模、2017—2021 年中国跨境电商市场规模如图 2.3 ~ 图 2.5 所示。

图 2.3　2015—2021 年中国社交电商行业交易规模及增长情况

资料来源：微商大脉网。

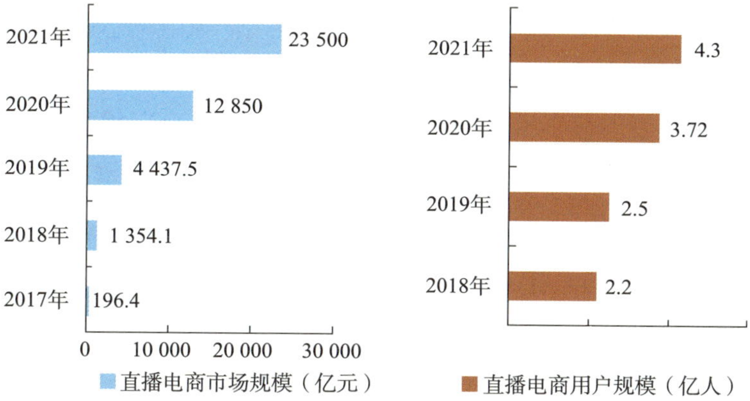

图 2.4　2017—2021 年中国直播电商市场交易规模及用户规模

资料来源：前瞻产业研究院。

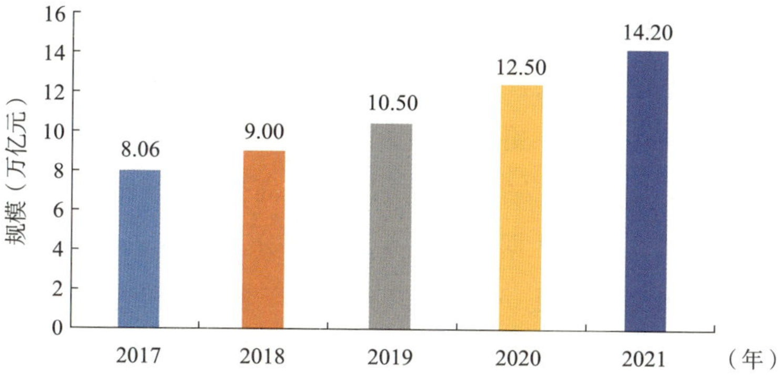

图 2.5　2017—2021 年中国跨境电商市场规模

资料来源：犀牛财经。

但我们也看到，电子商务暴露出很多问题和改进空间：

第一，电商业务已出现增长疲态。2017 年以后网上零售额和社交电商增速趋缓。甚至 2020 年、2021 年网上零售额占全部消费品零售额的比重已趋平。这也说明网上购物已有“天花板”。2020 年连最火的直播电商和跨境电商也开始出现增速放缓的迹象。直播电商用户规模增长不大，因为人口总数就那么多。

第二，在电商快速发展的同时，商品质量、卖方诚信、虚假宣传、数据造假等电商繁荣发展中的问题陆续暴露出来。在经历了过热“风口期”之后，如何推进电商领域从快速成长转向稳步成熟，走上规范前进的快车道，成为电商发展的关键。2021年底的大规模补税事件，典型如薇娅偷逃税被追缴并处罚款13.41亿元，电商行业的野蛮生长引起了人们的关注。电商发展将进入有序规范的新阶段。2022年4月29日，中共中央政治局召开会议分析研究当前经济形势和经济工作，指出“要促进平台经济健康发展，完成平台经济专项整改”。2022年5月5日，国务院常务会议进一步强调，“尽快出台支持平台经济规范健康发展的具体措施”。

第三，随着电商的发展，目前国内消费市场已经形成了高度的线上、线下二维空间市场，但是任何单一的线上市场、单一的线下市场都难以做到真正实现要素均衡。

第四，电商不应仅仅是能为消费者跨越空间提供海量商品信息使其能进行更多选择，更应成为商品品质的背书，成为消费者购物的品质保障，而同时，随着消费者参与电商交易的累积，相关数据也必然成为社会信用数据的最重要组成部分。需要电商进一步与流通、金融领域交互发展，带动第三方物流产业科技和商业模式创新，推进供应链金融以及可直达各流通环节经营主体的金融产品创新，推动实现市场设施高标准联通。

第五，数字技术正弥合东西部差距，西部农产品电商乘平台经济东风进入快车道。从销售来看，农产品电商高质量发展增速排名前五的分别为云南、甘肃、西藏、新疆、福建，前四均来自西部地区，充分证明西部农产品电商潜力正在显现。数字技术有助于破解区域发展不平衡格局，因为缩小数字鸿沟比消除工业基础设施差距更容易。西部的农业大省，通过搭乘电商等数字新基建，将使其优质农产品走上全国消费者的餐桌。

二、平台经济被庸俗流量裹挟

在数字经济时代，中国各种新产业、新模式、新业态快速增长，产业数字化转型方兴未艾。中国在制造业升级过程中重视智能制造，积极利用互联网技术优势，致力于“不拘泥于制造现场的创新性智能制造”。工业互联网是数字经济的重要抓手。物联网、5G 和区块链等技术引入“数字乡村”。数字农业已经成为中国农业发展的新亮点。一些大型互联网企业拥有大数据、云计算、数字支付等技术优势，能够系统性解决农业数字化问题，正成为推动中国农业转型的重要力量。新技术的应用将促进数字交易的快速增长。受益于电子商务便利的不只是城市居民，还有农村居民。电子商务在农村的发展有助于拉动城乡消费，为地方经济发展注入新动力。中国数字支付领域开始创新发展，正在将数字人民币付诸实践。如今中国数字经济中的就业人数已经超过 1 亿。

互联网平台经济是数字经济时代新的经济模式，是对传统经济组织的升级。平台运营商一侧面对消费者，另一侧面对商家，负责中间撮合。平台企业虽然大多由民营资本建设运营，但通常被网民广泛关注，具有较为显著的公共属性。平台经济就是流量经济，人越多，流量越大，平台越有价值，存在较强的规模经济性。

平台企业持续壮大，其衍生出的创新产业形态和商业模式，在促进技术进步、提升消费体验以及创业就业等方面，都具有一定的启示性意义。

互联网平台经济实际上是流量经济。所谓流量，就是一定时间内网站的访问量，以及手机移动终端上网耗费的字节数。

流量在互联网诞生之初便具有显著的作用。

互联网起源于 1968 年美国国防部高级研究计划局组建的一个计算机网，名为 ARPANET（Advanced Research Projects Agency Network，又称阿帕网）。使用权一开始免费提供给一些合作的大学和其他军事承包商，然后扩散到更广泛的社会。

时逢美苏“冷战”，美国国防部认为，如果仅有一个集中的军事指挥中心，万一被苏联摧毁，全国的军事指挥将处于瘫痪状态，所以需要设计一个分散的指挥系统。1969年，阿帕网第一期投入使用，有4个节点，分别是加利福尼亚大学洛杉矶分校、加利福尼亚大学圣巴巴拉分校、斯坦福大学以及位于盐湖城的犹他州立大学。一年后阿帕网扩大到15个节点。1973年，阿帕网跨越大西洋利用卫星技术与英国、挪威实现连接，扩展到了欧洲。

在20世纪80年代，美国国家科学基金会（National Science Foundation，NSF）开始将这一具有战略意义的系统扩大到军事应用之外。由NSF赞助的一个新的骨干网NSFNET提供了高容量的电路，在5个基于大学的超级计算机研究联盟间传输大量的数据，这些联盟也是通过NSF赞助建立的。NSF还允许当时的地区和大学计算机中心使用互联网技术与该骨干网进行物理连接。约有200个网络很快就这样做了，流量迅速增长，以至于该网络的军事部分被拆分出去，而NSF则继续发展其新的民用部分。

到20世纪90年代，数字化将电信与计算机的1和0的逻辑予以协调，其总体目标是允许众多用户更彻底、更有效地共享网络，从而提高网络的经济效率。随着需求的不断增加，大容量数字网络被建立起来，为的是容纳比其前身即普通的电话服务网所能管理流量更大的流量。网络容量的增加又反作用于服务的整合，迥异的服务可以在宽带数字网上被捆绑到一起，以实现成本效率。

分散、商用、免费、效率……就有了流量。

随着互联网不断发展，流量迅速扩张。互联网到1991年底真正开始成形，约有3 500个网络连接到NSFNET主干网。1989年，欧洲的一个物理实验室创造了将互联网网站和文件联系在一起的超链接技术。1992年，伊利诺伊大学的程序员开发了互联网的简单图形界面Mosaic。

随后，电信业的数据传输不断与互联网结合，分组交换网络和宽带数据流量系统容纳语音、视频以及文字等数据，突破内网和局域网而形成公网。带宽拓展了流量的通路，速率提升了流量的传输，而手机的出现使流量从 PC 端向移动设备大规模转移。电信运营商一方面不断延伸其业务，推进宽带应用基础设施建设，另一方面向客户收取使用网络产生的移动数据流量费用。

与此同步的是，越来越多的普通人能够通过电脑与手机进入互联网，并在浏览中产生网络流量。更多的人花更多的时间上网，从而创造了更多的流量。

近年来，互联网见证了大型科技公司的崛起，这些大型科技公司被称作平台，平台的兴起是今日互联网的显著特征之一，由此诞生了平台经济。平台经济模式是一种通过实现买卖双方或多方联通与交换，从而创造价值的商业模式，流量变现是平台经济最主要的手段之一。

互联网世界纷繁复杂，在海量化、碎片化的信息宇宙中，受众的注意力是最稀缺的资源。只有获得受众注意，才具有利用流量吸引广告从而变现的可能，进而获取资本支持。

Meta、谷歌等社交公司，其主要的控制手段是流量控制而不是内容控制，信息的使用价值被流量的交换价值所吞噬。热闹非凡的互联网经济也在竭力追逐流量。

为了流量，基于热度的算法推荐技术应运而生。

为了流量，在内容生产领域，“流量”取代“发行量”“收视率”等传统媒介内容交换价值的衡量标准，平台媒体转而主动迎合受众心理需求与偏好，追求“10 万 +”“热搜榜”，通过生产具有争议性、话题性的内容吸引受众注意力，甚至不惜“攀比”制造大量低俗、恶俗、庸俗的内容来吸引用户注意，以噱头换取流量。

在流量经济思维引导下，平台在算法技术上动脑筋，平台媒体在内容制作上想办法，用户个体在流量变现上谋出路。正是平台、内容生产者和消费者的共同推波助澜，导致平台经济实际上成了流量经济。

三、平台经济反垄断和防止资本无序扩张

中国平台经济经过多年发展，取得了丰硕的成果，但不可否认，在发展进程中也出现了一些问题，特别是最近这些年暴露出的问题更多，科技创新不足、内容粗制滥造、假货泛滥成灾、隐私无从保护、安全受到威胁等。

一是科技创新不足。

有人认为，平台企业不是底层技术，只是应用，不是创新。平台企业确实存在创新不足但又攫取巨大利润的情况。2020 年，有媒体曾点名批评互联网平台“别只惦记着几捆白菜、几斤水果的流量，科技创新的星辰大海、未来的无限可能性，其实更令人心潮澎湃”。

二是内容粗制滥造。

流量思维主导的互联网对内容产业的良性健康发展构成挑战。

首先，符合流量标准的信息往往包含猎奇、争议元素，但并不代表这些信息都是有意义的，有可能迎合的是用户的低级趣味和心理。真善美有流量，假恶丑也可能有流量。假恶丑的流量也是流量，也能带来真实的广告效应。

其次，基于流量变现的互联网平台盈利模式存在“泡沫经济”的危险。数据成为最主要的衡量标准，造成了数据造假的风行，由水军、“买数据”、“刷数据”堆砌起来的流量，破坏了真实、严谨、专业的社会评价体系，有毒“大数据”更坑人。

最后，流量的虚假繁荣之下，“乌合之众”现象、“快餐式文化”盛行，社会风气浮躁，由此会导致社会文化危机，更对互联网治理、社会治理造成威胁。

三是假货泛滥成灾。

最早的线上购物方式是“电视购物”，但风险极高，并且买到假

货也是常有的事。随着手机实现了掌上上网之后，电商行业也逐渐崛起。如今线上购物已经成了人们日常生活必不可少的一部分，就连生鲜蔬菜、水果等都能够通过线上的方式进行采购。淘宝拥有 800 多万个商户，实体店在电子商务的打击下，遭到了严重的创伤。但近来由于竞争太过激烈，电商的扩张速度已到平台期。

线上采样商品不达标率高达 38.7%，明显高于线下采样商品。这是中国法学会消费者权益保护法研究会联合北京阳光消费大数据研究院共同发布的《全国部分消协组织 2020 年比较试验汇总分析》公布的结论。有学者说，淘宝假货横行，让中国市场变得毫无价值，也成为经济全球化中最没有价值的一环。淘宝平台在近些年来出现越来越多的假货以及刷单的问题。很多商家为了营造自己的产品质量很好的假象，就会花钱雇人进行刷单，消费者买到手才发现是假冒伪劣产品。

线上商品不达标率较高，平台首先难辞其咎。有些是平台明知或应知销售的是假冒伪劣产品；消费者往往信任平台而消费；何况网络商品的销售商家地域很广，消费者遇到问题找销售商家维权的成本很高，平台不能只提供商家联系方式免责。平台必须承担起对产品把关的责任。为整理电商乱象，国家专门出台了相关的《电子商务法》。

近年来，直播电商崛起，线上购物热潮造就了直播带货明星，直播售卖带货在短期内造就了行业发展的辉煌时刻。然而，直播售卖假货风波频出，将直播带货拉入一个充满猜忌和怀疑的低谷。

四是隐私无从保护。

2018 年 3 月 17 日，媒体曝光脸书 5 000 万余名用户的信息在用户不知情的情况下，被政治数据公司“剑桥分析”获取并利用。脸书第一次因为用户隐私安全问题被诉讼。受该事件影响，脸书各项业绩指标不及预期，股价暴跌。后脸书股价曾多次因数据泄露而惨跌。

2021 年滴滴全球股份有限公司（下称滴滴）在美国纽约证券交

易所上市。上市之后的滴滴公司登陆纽约证券交易所不到一周，就因被中央网信办调查违法违规收集使用个人信息问题，其 App 被下架；宣布退市之后，滴滴公司股价下跌了 22%。滴滴公司上市时，也处于美国公众公司会计监督委员会（PCAOB）拓展权利或者说加强审核的背景。滴滴打车包含行车服务以及互联网数据，可以看到，美国对滴滴公司披露的数据有了更深度的挖掘欲望，这也导致滴滴公司在递交给美国证券交易委员会（SEC）的文书里包含了敏感信息。

2021 年 12 月 3 日，SEC 在其官网宣布，议院通过了法规修正案，完善了《外国公司问责法案》（HFCAA）相关信息提交与披露实施细则。细则规定，在美国证券交易所上市的外国公司必须披露其所有权结构和审计底稿，如果不遵守美国监管机构的信息要求，可能会被摘牌。中国概念股惨跌，一部分中国概念股面临被美国摘牌的风险。

以大数据和人工智能等技术为基础的智能营销虽然为企业带来了更加精准的数据分析和趋势预测，帮助企业构建了更个性和高效的核心营销体系，但由于智能营销涉及的数据极为关键，且关联甚广，一旦在某些环节出现问题，数据安全隐患导致的反噬后果将会非常严重。根据欧洲消费者组织 2020 年的一项调查显示，45% ~ 60% 的欧洲人认为人工智能将导致更多的个人数据滥用。

目前数据隐私方面留下巨大漏洞，平台利用消费者个人隐私数据谋利比较常见，不法分子利用隐私数据进行电信诈骗屡见不鲜。尽管中国陆续出台了《数据安全法》《个人信息保护法》《关键信息基础设施安全保护条例》等文件，有些公民缺乏隐私保护意识，加强消费者隐私保护仍然需要艰苦努力。

五是安全受到威胁。

数据安全不仅是个人、企业安全受到威胁，甚至上升到国家安全层面。

蚂蚁金服暂缓上市的核心原因之一是蚂蚁金服杠杆太高了。蚂蚁金服的贷款并不需要任何财产的抵押担保，主要依靠信用就可以。

虽然蚂蚁金服有大数据信用，这是高科技支撑下的新商业逻辑。但金融就是金融，不能因为高科技，就不按金融监管标准办事。

蚂蚁金服借出去的钱不是自己的自有资金，而是通过高杠杆从银行获得的。这样蚂蚁金服一旦出现问题，会将风险传递给银行。蚂蚁金服自己不仅没有钱，还将以高杠杆获得的资金投资到风险巨大的贷款项目上去，比如花呗、借呗，很多还款能力差的人都在用。这跟次贷危机是一个逻辑，一旦出现问题将会产生巨大的社会不良影响。

为规范小额贷款公司网络小额贷款业务，中国出台《网络小额贷款业务管理暂行办法》，影响主要有三点：

一是自有资金不低于 30%。蚂蚁金服对外进行贷款时，贷款的总额里，必须有自己 30% 的资金。这样就限制了蚂蚁金服可以放贷的总量。

二是资金杠杆不得高于净资产的一倍。蚂蚁金服的自有资金肯定是有限的，其获得贷款的金额最多就是净资产的一倍，这样很好地降低了资产的部分杠杆。

三是“资产证券化”不得超过“4 次”。这样就对风险进行了控制。

以上这些问题，都是平台经济片面追逐流量经济的结果，而其背后，是垄断和资本无序扩张。

为了反垄断和防止资本无序扩张，我国政府对平台经济进行了专项整改，在对平台经济和平台企业画出“斑马线”、设好“红绿灯”的前提下，关键是要促进其发展。这些举措已取得一些积极进展，大大促进了平台经济健康发展。

该轮互联网监管自 2020 年 11 月开始酝酿，2021 年 3—7 月进入集中监管。其间，数个政策与处罚并发，涉及反不正当竞争、反垄断、用户数据安全、未成年人保护等多个主线。2022 年 4 月 29 日与 2022 年 5 月 17 日中央会议后，政策定调发生了变化，支持平台经济健康发展，支持民间资本发展创业投资，互联网常规监管成为新常态。

总之，我们判断平台经济已经到了“天花板”，理由有三：

一是在当前国际政治经济大背景下，中国赴美上市的平台经济公司面临退市的严峻挑战。

美国2020年出台《外国公司问责法案》，对外国公司在美上市提出额外的信息披露，即所谓审计报告要求，如果不按要求提交这个审计报告，美联储就会将该公司摘牌退市。这个审计报告往往有企业商业秘密和用户个人隐私甚至机密信息。这个审计报告对众多赴美上市的中国概念股是一个沉重打压。2022年7月29日，中国概念股最大的上市公司阿里巴巴被美国证券交易委员会依《外国公司问责法案》认定为“委员会认定的发行人”。根据上述认定，2022年成为阿里巴巴的第一个“未检查”年度。此前阿里巴巴被SEC列入“预摘牌”名单。阿里巴巴因此股价大跌，2022年7月30日，阿里巴巴市值已从最高点跌去70%，只有2 300多亿美元。

二是平台经济已被政策设置“红绿灯”，从盲目扩张到了规范健康持续发展阶段。

以2020年11月蚂蚁金服上市被叫停为标志，我国开启了以“反垄断与防止资本无序扩张”为目的的平台经济专项整改。2022年7月，中央政治局会议指出，要推动平台经济规范健康持续发展，完成平台经济专项整改，对平台经济实施常态化监管，集中推出一批“绿灯”投资案例。

三是靠网民规模扩大流量已难以增长。

中国互联网络信息中心发布的第49次《中国互联网络发展状况统计报告》显示，截至2021年12月，我国网民规模达到10.32亿人，互联网普及率达73%，靠上网人数扩大流量的模式已触及“天花板”。

平台经济进一步发展必须有新思路、新模式，必须升级。

第三章

数字共同体是以共识流量为支撑的命运共同体

一、数字共同体是利益、情感、事业、命运共同体，也是信息、共识、智行共同体

共同体概念最早由法国 18 世纪启蒙思想家卢梭提出，卢梭第一次将 Community 这个词用在了“共同体”这一意义上。

爱因斯坦曾在 1932 年的日内瓦会议上说过，“人类的组织能力”未能跟上其“技术进步”的步伐，好比出现“3 岁的孩子手持一把剃刀”的情况。如何将社会性编入系统，似乎是人类在这个星球上生存下去的必修课。数字共同体正在努力地补上这一课。

所谓数字共同体，简单地说是用数字技术把多个人联系在一起的社群经济组织，深层次地说就是由平台企业发起并运营、由社群人行为产生的共识流量支撑的命运共同体。它有以下要点：

（1）由一个或几个核心企业发起并运营，这一个或几个核心企业也是数字共同体的平台或平台企业。

（2）具有共同的愿景和相同价值观，社群人以追求共同富裕为目标，以共识、共有、共创、共营、共享为核心价值观。

数字共同体社群人角色主要有 7 种，包括投资者、管理者、执行者、代理者、消费者、受服企业、资源供应者。

投资者：数字共同体平台企业的投资人。

管理者：数字共同体平台企业的管理层。

执行者：数字共同体平台企业的员工。

代理者：非平台企业员工但参加数字共同体的工作人员，社群行为的主力。

消费者：数字共同体产品和服务的消费者。

受服企业：数字共同体赋能的企业代表。

资源供应者：为数字共同体提供资源的企业代表。

（3）具有清晰的经营哲学，即社群行为经济学，也即社群人通过积极的社群行为，产生共识流量，引导资源优化配置，生产价值并公平分配价值。

数字共同体包含但不限于以下 7 种不同层次的特性（见图 3.1）：

一是共同体特性：利益共同体，有收益，利益所系，双赢乃至多赢；情感共同体，有爱的地方，情感所系；事业共同体，有成长性，与共同体一起全面成长。利益共同体、情感共同体、事业共同体，合在一起就是命运共同体，有信仰有使命，心灵所属，生死与共，共同进退。

二是数字特性：信息共同体，有效率的信息交流与沟通；共识共同体，有共识达成，社群人当家作主；智行共同体，有智慧的社群行为，充分沟通及达成共识后的统一行为。

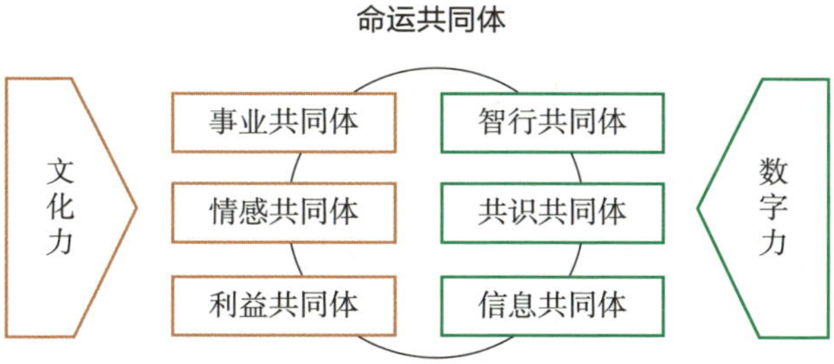

图 3.1　数字共同体的 7 种不同层次的特性

数字共同体要通过文化力和数字力打造，即社群行为文化建设和数字化建设打造，实现有收益、有爱、有成长的利益共同体、情感共同体、事业共同体、命运共同体和有知识、有文化、有共识、有智慧的信息共同体、共识共同体、智行共同体。

（一）数字共同体是利益共同体

利益是共同体的前提，无论是人还是组织，其生存与发展都需要以提高收入为前提。

企业就是一个典型的利益共同体。企业的经营者与劳动者，为了企业和个人的利益相结合成为一个统一体，有活共干、有事共商、有难共当、有福共享。

企业利益共同体可以通过各种契约、制度、行为机制等，使企业经营者、劳动者共担风险、共享利益，调动企业各方面的积极性。这种新型关系，就是把责、权、利有机地结为一体，经营者、劳动者相互依靠，紧密合作，有利同得，有失同摊。20 世纪 80 年代以来中国一些企业试行的股份制、全员风险抵押承包等形式，均属企业利益共同体。

各取所需、礼尚往来，建立在利益之上的共同体更有基础。没有利益关系的共同体，就像在沙滩上盖高楼，很容易坍塌。“没有永远的朋友，只有永远的利益。”这话虽然扎心，但也恰恰说明，世界上最持久的关系就是利益共同体。

数字共同体中，参与数字共同体的社群人，通过奉献自己的资源与特长，分享所得。数字共同体以双赢、多赢为原则，数字共同体就是利益共同体。

（二）数字共同体是情感共同体

所谓情感共同体，就是有爱的地方。家是讲爱的地方，家庭是一个情感共同体。如果夫妇两个只讲利益不讲爱，估计只能是分道扬镳。所以，要把数字共同体打造成一个家，用家的理念经营。数字共同体的社群人都是兄弟姐妹，都是一家人。有爱有温度的企业才有未来。

“天下熙熙，皆为利来，天下攘攘，皆为利往。”这句话显然调侃和讽刺了唯利是图。实际上，利益虽是共同体的基础，但也许不能持久，并不牢靠。俗话说："财散人聚，财聚人散。"有爱方能聚人，有人才能生财。

我们讲，数字共同体是利益共同体，这是基础，但不够，还要讲，数字共同体还是情感共同体。有利益有爱，这是数字共同体的理想状态。这样的数字共同体才是充满生机活力的，才能行稳致远。

只有利益没有爱，是团伙不是团队。有利益也有爱，才是团队而不是团伙。合作与利用的区别是，前者是爱，是付出，是乐意；后者是交换，是利益，是防范。二者有天壤之别。

企业也有外溢的爱，叫社会责任。鸿星尔克为郑州水灾捐赠 5 000 万元物资后火了，善心是永不会过时的美德。

（三）数字共同体是事业共同体

待遇留人、感情留人、事业留人。人与组织共同成长，这是理想状态。

组织中的团队成员，存在着 4 种类型的关系，依次实现关系递进：

1. 职业阶段

这是最普通的团队成员状态，其工作的主要目标就是获得薪酬，关注的核心是做好自己分内的事情，或者根据自己薪酬高低来决定自己做多少事情。做自己职责范围内的事情，获得组织的相应报酬。

2. 专业阶段

更进一步，当团队成员能力提升后，单纯薪酬已经不足以满足其需求，目标是获得更高的物质激励，不只是做自己分内的事情，而是希望自己多努力，然后获得更多的物质回报，追求的是个人整体利益的最大化，基于组织的发展来获得自己的利益提高。

3. 事业阶段

再进一步，团队成员有一定影响力，物质利益无法满足，追求事业成功的精神需求。物质并非最高要求，第一目标是把自己的事业做好，站在整个组织的角度就是完成整个组织的目标。如果当前组织解散，成员更换企业，那么可以再次作为事业。

4. 自我价值实现阶段

团队成员的人生价值与组织进行了深度的绑定，除了追求事业的成功，也将自己的命运跟组织融合在了一起。

绝大多数团队成员会止步于事业阶段，只有极少数团队成员能达到自我价值实现阶段。任正非、曹德旺等成功人士可以认定为达到了自我价值实现阶段。

曹德旺于 2015 年出版的《心若菩提》一书，把他一生的理念和经验写了出来。作为福耀玻璃的老板，曹德旺讲，他的企业负责员工家属的医药费，员工下班时间也不允许打麻将，员工成长与企业发展同步。这些都有事业共同体思维。

（四）数字共同体是命运共同体

以利相交，利尽则人散；以势相交，势败则人倾；以情相交，情断则人伤。唯有以心相交，关系才会长久。数字共同体不仅是利益所系、情感所系，还是心灵所属，有理想有信念，风雨同舟、荣辱与共。利益共同体、情感共同体、事业共同体，合在一起就是命运共同体。命运共同体，有一个共同目标，一套公正透明的规则，若干社群人，有坚强组织，有优秀文化，有一个不断成长壮大的群体。

我们认为，将命运共同体这一理念延伸到企业管理理论中来，具有重大的理论意义和实践价值。命运共同体理念，将成为新兴的企业经营哲学，这一理念中蕴含着丰富的企业经营之道，对解决企业与企业之间、企业部门之间、企业与员工之间的关系，也有着重要的指导意义；命运共同体将是未来数字经济时代主流的企业形态；员工命运共同体将打造企业核心竞争力，行业命运共同体将促进行业大发展；上下游企业命运共同体将构建企业生态圈。命运共同体理念将助力中国企业突破经营困境，开创全新格局！

命运共同体的目的在于同舟共济，崇尚共赢。这是一种人本主义的管理模式，符合中国儒家思想中“和”的概念，容易被广泛接受。一是在企业内部命运共同体中，决策效率与经营效率均能有显著的提高；二是能够充分调动员工积极性；三是企业命运共同体尤其对家族式民企有巨大提升作用；四是上下游企业组成命运共同体是高明企业的策略。

（五）数字共同体是信息共同体

什么是信息共同体？就是一起搜集信息、一起分享信息。人从来不缺奇思妙想，但一个人或者几个人的智慧是比不上群体的。从前你一个人苦思冥想，现在你有任何问题都可以在网上找到答案，你可以找到更多志同道合的人一起来思考问题。无论什么样的发展都会遇到各种难题，从前靠一个人或几个人思考解决方法，现在有全体数字共同体人给出最佳答案。

信息交流是人的基本生存需要。通过交流，人们可以相互了解彼此的想法与感受，可以加强彼此的沟通与理解，寻求必要的帮助与支持。

（1）协调关系增进团结。沟通使组织成员间的思想感情得以交流，增进彼此的理解，有助于消除隔阂、误会、矛盾和纠纷，从而增强团结，促进形成良好的人际关系。

（2）维护健康，鼓舞士气。成员们在沟通中彼此诉说喜怒哀乐之情，不仅得到了相互的同情、帮助、支持和安慰，消除孤独和寂寞感，同时也使自己的压抑得到了宣泄，获得了愉快的心情，有助于身心健康。并且在沟通中，人们还可以互相启发、开导、鼓舞、激励，形成群情振作、奋发向上的局面。

（3）满足需要，改变行为。个体可以通过沟通来表达情感，寻求或表示对对方的同情与共鸣，借此形成良好的人际关系，从而满足个人心理情感上的需要。通过沟通，传达信息，还可以劝说对方改变自己的态度与行为，如当组织需要推行一项政策，或做某种改革时，与职工进行情感沟通会有助于政策或改革顺利地推行。

可见，这里的沟通更多是强调多向的互动过程，沟通的目的不是要证明谁是谁非，而是能在一个组织里使大家能坦诚地分享经验、价值观、自由、和谐。

对于正式组织而言，信息沟通的主要目的是通过有效的沟通来传递组织所要传达的信息（如组织的目标、计划、决策、工作程序等），并使组织成员接受和理解这些信息。

具体来讲，通过信息沟通要实现以下目的：

（1）组织目标的确立和下达。

（2）制订实现目标的计划以及计划的组织实施。

（3）组织机构的设置及人员的配备。

（4）协调组织的各项活动。

（5）指导和激励员工有效地工作，创造良好的工作环境和工作气氛。

（6）了解各项工作的情况，对各项工作进行有效的控制。

交流产生智慧，沟通产生力量。在交流与沟通中达成共识，形成数字共同体共识流量。

（六）数字共同体是共识共同体

共识简单来说是共同的认识。大家都可以接受的观念或者决定就是共识。我们经常说“达成共识”，就是通过交流沟通，大家形成一致的意见。

人与人之间的看法不一致很正常。自有人类以来，不同的人就某人某事就会有不同意见。有不同意见经过沟通达成共识，是数字共同体的重要属性。

传统文化里，大家的观念或者决定，依据的往往是宗教文化、道德标准、国家利益、法律法规等。当然，人们的观念也在变。

中国改革开放以前，自留地是资本主义的尾巴，是要割掉的，现在，不仅能包产到户，民营经济也是社会主义市场经济的重要组成。观念转变导致新的共识达成。国家尚且如此，企业更是这样。比如，工业时代红利已触及“天花板”，数字经济时代红利即将来临，未来财富要从数字化中找。随着时代演进，观念是肯定会更新的。如果不与时俱进改变认知，改变观念，若不能致富，就只能怪自己。

共同的信念、共同的价值观，是组织共识的前提。数字共同体以共同富裕为远景目标，以共有、共识、共创、共治、共享为价值观，这是基本共识。社群人通过社群行为，产生的共识流量，是数字共同体创造财富和分享财富的力量所在。

观念的冲突是共识破裂的根本原因。在数字共同体中，人们的共识达成越来越基于数学和代码，代码共识能够做到客观和高效，以及公平、公正、公开。

（七）数字共同体是智行共同体

沟通达成共识，共识产生智行。充分沟通和广泛共识产生智慧，并积极统一行动，这就是智行共同体。群众的眼睛是雪亮的，人多力量大，众人拾柴火焰高，讲的就是这个理。

合作竞争而不是竞争合作是时代主流。分歧永远都有，求同存异就是智慧。数字共同体遵从合作竞争、信奉 1 加 1 大于 2 的理念。

随着社会化大生产的发展，社会分工越来越细，生产专业化水平日趋提高，生产单位之间相互依存的关系也越来越紧密，客观上要求在工业企业之间建立既有专业分工，又有相互联系的经济合作关系。

后工业时代，信息化革命日新月异。特别是互联网出现并发展到大数据时期，人类分工合作呈现网络化、智能化、系统化特点。从简单批量，到智能定制，人类合作模式已发生翻天覆地变化。

除生产协作外，互联网协同消费也是在互联网上兴起的一种全新的商业模式。消费者可以通过合作的方式来和他人共同享用产品和服务，而无须持有产品与服务的所有权。使用但不拥有，分享替代私有。

共享经济是典型的智行共同体经济。共享经济的本质就是整合线下的闲散物品或服务者，以较低的价格提供产品或服务。对于供给方来说，通过在特定时间内让渡物品的使用权或提供服务，来获得一定的金钱回报；对需求方而言，不直接拥有物品的所有权，而是通过租、借等共享的方式使用物品。

目前已有传统电商 B2C（商对客）升级为“用户直连制造（C2M）共同体”。

传统跨境电商 B2C 经营链路，最上游的制造工厂，由于经营链路的资金链传导效应，被迫承担跨境电商卖家的经营风险，易出现风险与收益不匹配的状况，部分工厂积极转型，“C2M 共同体”的新模式开始出现。

有部分制造工厂通过搭建自有电商运营团队实现迈向 C2M 模式的发展，且具有直接面向消费者（DTC）品牌的雏形。在该模式下，工厂不仅通过各类跨境电商 B2C 平台或独立网站等销售渠道实现“制造出海”，也通过国内 C2M 电商平台销售商品，国内电商的内容营销、直播电商等新兴营销方式也为这类制造工厂的出海提供了新思路。

二、数字共同体要有数字技术加持

数字共同体需要有数字技术或数字力加持（见表 3.1）。

表 3.1　数字共同体中可参考采用技术及功能实现

	可参考采用技术	功能实现
信息共同体	人工智能、区块链、云计算、大数据、互联网、卫星网络、5G（ABCDIS5G）	有效率沟通
共识共同体	共识算法	分布式共识
智行共同体	大数据、人工智能、智能合约	有智慧行为

区别于传统企业和企业共同体，数字共同体的改进在于，它通过互信和共识改善决策，通过数字化、网络化、智能化对工业时代简单批量生产进行优化升级，实现更高效率的生产、消费、流通、分配，实现更多财富创造与更公平财富分配。数字共同体及其社群人，不仅拥有经济的共同利益，还拥有发展的共同价值。

ABCDIS5G 等新数字技术为信息沟通、共识达成、智慧行为提供了支撑，为提高决策水平提供了支撑。数字共同体恰恰因为这些数字技术才能成立，成为超越企业或企业共同体的高维度经济组织。

特别是 2008 年底区块链出现后，以区块链发端，经过 DAO、Web3.0 等不断迭代演绎，不仅为数字共同体提供了免费方便的技术支持，也为商业逻辑贡献了灵感。

区块链留下的免费、开源传统是一个伟大创举。我们可以用联盟链或公链将数字共同体平台公益化；通过 DID 和 SBT，实现社群人共有；用工作量证明（Proof of Work，POW）、委托权益证明（Delegated Proof of Stake，DPOS）、拜占庭容错机制（Practical Byzantine Fault Tolerance，PBFT）等共识技术，保障社群人达成去中心化共识决策；防篡改记账及智能合约，代码即法则（Code is Law），保证社群人按规则以贡献大小公平地共享收入。

区块链进入中国后，最有价值的不是技术，当然也不是其“通证”，而是其商业思维。我们将这些商业思维抽象出来，运用于各个领域，特别是运用于企业领域，将产生很多有价值有创意的新商业模式。

（一）信息交流与沟通效率提高

从古至今，人类信息交流的方式发生了翻天覆地的变化。在古代中国，我们利用一些自然的声音、光等传递信息。随着发展出现了文字，利用文字可以传递信息。接着出现了媒体，如电影、广播、电视、网络。我们交流的方式开始逐渐打破时间、空间上的限制，现在我们可以利用网络进行信息交流。只要在地球上任何一个有网络的地方，我们都可以进行交流，网络已成为信息交流的一种重要方式。

人类社会信息革命依次为语言的诞生、文字的诞生、印刷术的诞生、利用电磁波和计算机技术。在近 100 多年的时间里，科技迅猛发展，信息交流绝对占据大半功劳。

从互联网时代到大数据时代，信息呈几何级数爆炸式增长。人们利用大数据和人工智能技术，能够实现智能生产和精准营销，不仅信息交流与沟通的效率空前提高，决策也实现了智慧化。

信息共同体可参考用 ABCDIS5G 作为底层逻辑。这里，大数据提供了海量信息，区块链确保信息可信，云计算有算力贡献，人工智能有智能贡献，5G 有通信通畅贡献，ABCDIS5G 等新的数字技术，都将发挥巨大作用。

（二）达成共识

数字共同体可参考用区块链共识技术作为逻辑底层。区块链系统是陌生人共识、分布式共识、防篡改共识。

维基百科对计算机科学条件下的共识定义是：在分布式计算机系统上，通过一定的容错措施，保证系统可靠运行，保持系统中的各个组件都能达成对同一数据的认可。

这里说的分布式计算机系统，主要是区块链系统。大家都知道，区块链是数字化的记账技术，是“区块 + 链”，账记在区块上，区块与区块用各个区块的哈西（Hash）名和时间戳顺序连接（见图 3.2）。

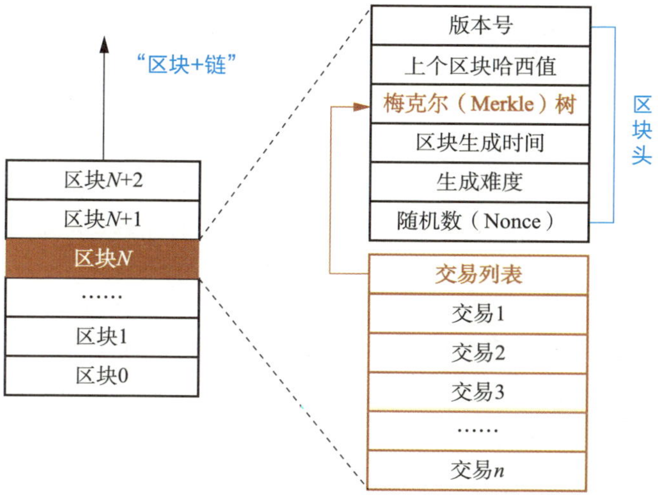

图 3.2　区块链是“区块 + 链”的记账技术

区块链记账是由矿工来完成的。记账的矿工也就是区块链系统的节点，分散在世界各地，互相不认识。区块链系统中记账矿工或节点，具有完全平等一致的操作权限（见图 3.3）。超过 50% 的记账节点共识，决定区块链系统的增删改操作。防篡改记账、陌生人共识和去中心化分布式网络是区块链系统的主要特征。

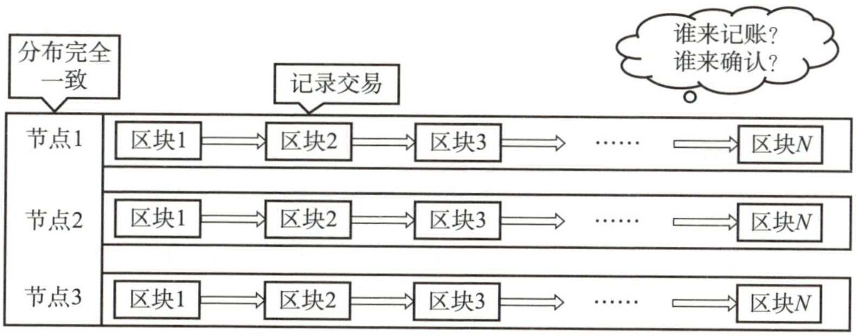

图 3.3　区块链系统中记账节点权限一致

区块链常见的共识算法包括 PoW、PoS、DPoS、PBFT 等。

首先来说 PoW 算法。这是境外比特币所采用的一个共识算法，是全体记账矿工一人一票的民主制。

PoW 不仅能克服少数人操控系统，还可以有效避免多数人暴政。因为超过 50% 的记账矿工是分散的陌生人，没有一个力量能操控超过 50% 的矿工。而因为矿工挖矿的比特币奖励，也是付出了成本和通过激烈竞争的，很难想象一个努力去争取力量的矿工，会破坏规则而屈从于暴政。经过比特币系统 10 余年的实践，PoW 没有发生少数人操控系统和多数人暴政的情况。人们对比特币系统从将信将疑到信任。

其次说 PoS 算法。这是一个类似于公司股权表决形式的共识算法。

PoS 算法要求节点验证者必须质押一定的资金才有挖矿记账资格，并且区域链系统在选定记账节点时使用随机的方式，当节点质押的资金越多时，其被选定为记账区块的概率越大。

因为记账人是根据持有系统的质押资金来选出的，按质押资金大小做决策。这个方式是富人说了算。但富人未必是对系统贡献最大的人，穷人可能使用系统非常多，同时贡献也非常多。富人和穷人的矛盾，导致了共识可能会破裂。

再次说 DPoS。这种算法类似于代议制民主，就是大家先根据公平投票原则，选出委托代理人，让这些人去执行记账操作。DPoS 算法和 PoS 算法相似，也采用股份和权益质押。但不同的是，DPoS 算法采用委托质押的方式。实际上境外在使用 DPoS 的是名为 EOS 的区块链项目。

最后说 PBFT 算法。PBFT 算法解决了拜占庭将军问题。

拜占庭是古代东罗马帝国的首都，为了防御在每块封地都驻扎一支由单个将军带领的军队，将军之间只能靠信差传递消息。在战争时，所有将军必须达成共识，决定是否共同开战。但是，在军队内可能有叛徒，这些人将影响将军们达成共识。拜占庭将军问题是指在已知有将军是叛徒的情况下，剩余的将军如何达成一致决策的问题。

PBFT 算法的共识过程如下：客户端（Client）发起消息请求（request），并广播转发至每一个副本节点（Replica），由其中一个主节点（Leader）发起提案消息（pre-prepare），并广播。其他节点获取原始消息，在校验完成后发送 prepare 消息。每个节点收到 2n+1 个 prepare 消息，即认为已经准备完毕，并发送 commit 消息。当节点收到 2n+1 个 commit 消息时，我们就认为该消息已经被确认完成（reply）。

区块链系统上面的四种共识算法，归纳起来简单说就是用数字技术进行投票。PoW 是全员投票；PoS 是股权投票；DPoS 是代表投票；PBFT 是防作恶投票。我们在数字共同体决策机制中，可从这些共识算法中获得灵感。虽然这些算法还很机械，但起码共识过程是数字化、客观透明的，这就是不小的进步。

（三）实现有智慧的社群行为

大数据、人工智能、智能合约等，从不同方式提高了人们合作的效率和智能化水平。

传统的合作是基于契约的合作。随着智能合约概念的提出，彼此之间没有契约的陌生人互信与合作也能够高效率开展。这大大拓展了合作的边界，也大大拓展了数字共同体参与者的边界。

智能合约的概念于 1995 年由尼克·萨博（Nick Szabo）首次提出。境外以太坊在其区块链上实施了一种近乎图灵完备的语言，这是一个突出的智能合约框架，让智能合约流行起来。

智能合约是一种旨在以信息化方式传播、验证或执行合同的计算机协议。智能合约允许在没有第三方的情况下进行可信交易，这些交易可追踪且不可逆转。

智能合约建立的权利和义务，是由一台计算机或者计算机网络执行的，只要参与方达成协定，合约就不得不写入计算机可读的代码中。这包括：

1. 达成协定

智能合约的参与方什么时候达成协定呢？答案取决于特定的智能合约实施。一般而言，当参与方在合约宿主平台上安装合约，致力于合约的执行时，合约就会被发现。

2. 合约执行

执行的真正意思也依赖于实施。一般而言，执行意味着通过技术手段积极实施。

3. 计算机可读的代码

另外，合约需要的特定“数字形式”非常依赖于参与方同意使用的协议。

简单地说，智能合约用代码形式固定合约方的协议，只要条件许可，即自动执行。智能合约的目的是提供优于传统合约的安全方法，并减少与合约相关的其他交易成本。这就为提高合作效率和智能化水平提供了技术支撑。

在合作能力提升上，人们会首先表现出意向一致，特别是在应对危机事件的问题上，然后无条件地开展共同行动。共同行动分别有认同、共识和默契三种发生机制。共识高于认同，默契高于共识。

三、数字共同体依靠社群行为文化推动

数字共同体依靠社群文化或文化力推动。

数字共同体中数字技术是基础，社群行为是核心。数字共同体能否成功，在很大程度上取决于社群文化建设。

（一）什么是社群

社群是社 + 群，“社”的解释之一为祭祀之地，信仰汇聚。群为群体，同类聚集社群，是一群有共同信念的人，聚在一起同心为共、共谋大业。

人类为什么要有社群？我们从以色列历史学家尤瓦尔·赫拉利写出的《人类简史：从动物到上帝》中，或许可以找到现成的答案。

基因学研究表明，人类来自一个共同祖先。经过漫长的 250 万年的岁月不断演化，特别是大约 7 万年前，智种人出现，不断发展，最终成了如今分布在全世界以白种人、黑人和黄种人为主的人类模样。

为什么会有社群和社交？因为人类幼儿的发育极其缓慢，这决定了独身的母亲很难仅靠自己养活孩子，大家必须结成部落、形成精密复杂的社会关系。这种范式又反过来刺激了大脑二次发育，帮助人类习得社交技能。

考古学家认为，尼安德特人比智人更强壮，也更聪明，懂得更多的技术，但尼安德特人相互残杀而导致了灭绝。智人相反，懂得社群和社交的价值，并在与尼安德特人的竞赛中胜出。

目前普遍认可的理论认为，某次基因突变，喉结发生了生理突变，人类的语言能力有了突飞猛进的发展。人类具备了超越感官直觉的抽象思维能力，形成了日渐强大的被称为认知革命的虚构能力。这促进了信息的交流和知识的积累，他们开始以语言沟通捕猎、采集和部落内的人际八卦。语言最重要的功能，是描述那些也许根本不存在的事物，比如传说、神话和宗教。不要小看这些看似虚无的共同信念，正是因为这些抽象物构成了智人的集体认同，我们得以集结大批人力，与陌生人开展合作，创造出远超其他动物的璀璨文明。

研究证明，在 150 人的小范围内，我们可以构建无须法律和规则的熟人社会，比如，只靠互信就可以维持的原始村社、小型家族企业、有着约120人兵力的一个连等，但一旦超过这个范围，比如人数超过百万的波斯大军、人口上亿的罗马帝国，均需要一套令人信服的虚构故事来维持秩序了，比如传说、神话和宗教。

当然，如今人类社会已进入数字经济时代，我们可以通过信息沟通、共识、智行，来使我们的智慧达到峰值。

人类从根本上就是社群行为的产物，社群行为是人类成为万物之主的原因，也会成为推动经济发展和社会进步的根本动力。

（二）什么是社群行为文化

人是最重要的。人是一切的源头，人就是最大的资本，人就是一切。人是社群行为的操盘手，是共识流量的载体。

数字共同体依靠人、为了人。

按照马斯洛人类需求五层次理论，从底部向上，分别为生理需要（如食物）、安全需要（如工作职位保障）、社交需要（如友情）、尊重需要和自我实现（见图3.4）。我们表述为温饱、小康、富裕。无论哪种表述，简而言之就是生存与发展。

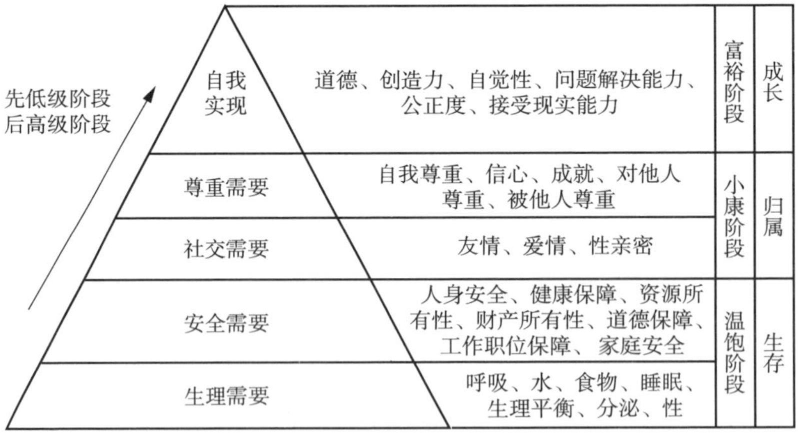

图3.4 马斯洛人类需求五层次理论

数字共同体是人的集合，只要人能干的事，数字共同体都能干（除了不能生孩子），而且主要是干大事。

数字共同体超越传统工业实体，也超越互联网。互联网比实体做得快，因为免费且有流量和人；数字共同体涵盖互联网和实体，做得更快更大，因为不盈利，有流量，有共识，更有人心。

我们为数字共同体的社群文化做了定义（见图 3.5）。

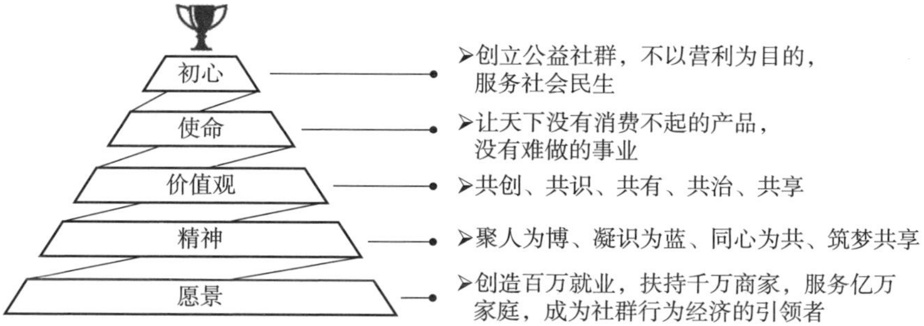

图 3.5　社群文化结构示意图

初心：不营利的公益组织。

使命：让天下没有消费不起的产品，没有难做的事业。

价值观：共创、共识、共有、共治、共享。

精神：聚人、凝识、同心、筑梦。

愿景：成为孵化企业、成就众人的引领者。

（三）社群行为文化落地方案

要打造一个适合自身特点、与时代同频、与政策相融、与大众同命、以人为本、开拓创新等数字共同体文化。社群行为文化建设的实施方案包括：

1. 确立正确的定位与目标

我们把实现数字共同体的社群远景定为“共同富裕”。

数字共同体定位准了，事半功倍；定位不准，事倍功半。这里，选择大于努力。

正确的定位与目标取决于领导者的远见卓识。将帅无能，必然累死三军。这对于社群领导是一种考验。

2. 建设有效的组织体系和制度规范

战略、组织和人是决定因素。

数字共同体由一个或几个核心企业发起并运营，这一个或这几个核心企业也是数字共同体的平台或平台企业。多企业联合经营时共同决策，有一个轮值主席。

数字共同体社群人角色主要有 7 种，包括投资者、管理者、执行者、代理者、消费者、受服企业、资源供应者。

建章立制是一项重要工作。俗话说，没有规矩不成方圆。什么角色、什么任务、什么待遇……都需要事先确定。

制度是对人的行为带有强制性，并能保障一定权利的各种规定。制度作为社群行为规范，使个人的活动得以合理进行，内外人际关系得以协调，社群人共同利益受到保护，从而使数字共同体有序地组织起来。

道德规范是从伦理关系的角度来约束社群行为。如果人们违背了道德规范的要求，就会受到舆论的谴责，心理上会感到内疚。

数字共同体是相对宽松的社群人组织，以制度管人、以道德约束人更为重要。

3. 打造积极的精神风貌与优秀的外在形象

精神风貌是社群文化的灵魂。数字共同体精神风貌要通过全体社群人有意识的实践活动体现出来。

精神风貌通常用一些既富有哲理又简洁明快的语言予以表达，便于让人铭记在心，时刻用于激励自己；也便于对外宣传，容易在人们脑海里形成印象，从而在社会上形成个性鲜明的组织形象。

数字共同体形象需要通过外部特征和经营实力表现出来，被消费者和公众认同。

表层形象，如招牌、门面、徽标、广告、商标、服饰、营业环境等，都给人以直观的感觉，容易形成印象。通过经营实力表现出来的形象称为深层形象，是组织内部要素的集中体现，包括人员素质、经营能力、管理水平、资本实力、产品服务质量等。表层形象以深层形象为基础，没有深层形象这个基础，表层形象就是虚假的，也不能长久地保持。

数字共同体形象还包括视觉识别系统，比如企业视觉形象识别（Vision Identity System，VIS）系统，是对外宣传的视觉标识，是是否进入现代化管理的标志内容。

社群文化关系到公众形象、公众态度、公众舆论和品牌美誉度。社群文化不仅在内部发挥作用，对社群人产生影响，还能通过传播媒体、公共关系活动等各种渠道对社会产生影响，向社会辐射。社群文化的传播对树立数字共同体在公众中的形象有很大帮助。

4. 塑造社群人使命感、归属感、责任感、荣誉感、成就感

一是激发社群人的使命感；二是凝聚社群人的归属感；三是加强社群人的责任感；四是赋予社群人的荣誉感；五是实现社群人的成就感。

数字共同体繁荣昌盛关系到每一个社群人的生存与发展。数字共同体发达了，每个社群人就会引以为豪，会更积极努力地进取，荣耀感越强，成就感就越大越明显。社群文化建设取得成功，在社会上产生影响时，社群人会产生强烈的荣誉感和自豪感，还会用自己的实际行动去维护组织的荣誉和形象。

要通过大量的资料和文件宣传，管理层要给全体社群人宣讲责任意识、危机意识和团队意识，要让大家清楚地认识到，数字共同体是全体社群人共同的“家”。

要尊重个人，尊重人的感情，以人为本，从而造成了一种团结友爱、相互信任的和睦气氛，强化团体意识，使社群人之间形成强大的凝聚力和向心力。

总之，社群行为文化建设就是，执大象、顺天时、赢地利、聚人和，建社群、筑共识、赋生态、享未来。

一是社群人永远都要当智者，要学会淡定，任何时候都不要彷徨，因为我们的事业、命运掌握在我们自己手里。

二是数字共同体是一个无比庞大的事业，它的优势就是与众不同、推陈出新，独一无二、无法复制、无法模仿，是任何平台无法超越的。

三是集体利益区别于个体利益，个体利益只能成就个体，集体利益成就的一定是集体。共同利益一定大于单打独斗的利益，这是由数字共同体的体制决定的。个体进入集体后，个体就会改变，也是集体一员，好比一个封建社会的人穿越到现代社会，就一定会融合到现代社会形态中来。

我们可以从《水浒传》的社群行为文化建设获取“带队伍”的灵感。水泊梁山虽无数字化手段，但确确实实就是一个命运共同体。最初的草台班子以王伦为首，目光短浅，嫉贤妒能，算是乌合之众，只是为了解决一己温饱而落草为寇。文没有吴用的智计，武没有卢俊义的勇猛，宋江凭借管理文化手段，让梁山泊上了一个台阶，确实有几把刷子。他借九天玄女之名进行一系列操作，包括替天行道的定位，聚义厅改为忠义堂的价值观，一百零八好汉排座次的组织体系，以业绩说话、避免吃“大锅饭”，不拘一格广纳贤才，大方地开展物质激励和家眷照顾，等等。聚义的一百零八位兄弟，虽然都有“逼上梁山”的窘迫，但凭借价值观共识形成了一个能人组成的有超强战斗力的社群组织。

第四章

数字共同体改变了公司的内涵与外延

一、数字共同体缓解劳资矛盾，改善生产关系

（一）公司劳资冲突矛盾难以克服

网上有一篇《失业率都高达18.2%了，年轻人还在想着骂资本家……》的文章，引起了热议。这篇文章仅标题就非常令人深思。都找不着工作了，年轻人还骂着“资本家”。但这篇文章不是简单的标题党，确实很真实地反映了经济下行压力下，劳资冲突十分尖锐的客观现实。

文章说，某“00后”毕业生，求职中有个要求：“老板不可以对我发火。”没想到还真找到了这样的工作，老板后来还真没对他发火。这个事件获得了各路媒体的一致称赞，称“00后”要开始整顿职场了，要对那些潜规则说不，纷纷大赞现在的“00后”“有勇气”“够自我”。

更有网上的一个帖子说：“80后”加班对领导唯唯诺诺，“90后”在摸鱼装模作样，只有我们“00后”在整顿职场。工作一年仲裁4家公司，告倒2家，我就是我，不一样的烟火。

细思极恐。现在的一些年轻人，不是“垮掉”的一代，是想把职场“整垮掉”的一代。有反“996”的；有实习生给公司老总直接写信要求务必回复的；有刚入职员工给老总写“万言书”对企业经营战略进行指点的；有只要一言不合就怒怼领导的……一些年轻人对职场有着很明显的敌意。这种敌意，从一些视频平台刷屏的“资本家”弹幕就能看出来。他们话语里是充满年代感的词汇，老板是

“敌人”，自己是“爷爷”，工作是“剥削”，我还有“铁拳”……

而根据国家统计局统计，2022 年 4 月 16 岁 ~ 24 岁人口的失业率达 18.2%，应届高校毕业生达到了破天荒的 1 076 万人。

劳资冲突问题由来已久。只不过长期以来，在我们的认知里，劳资冲突的画风：资方强势、劳方弱势，都是资本家剥削工人。

众所周知，15 世纪末由英国人和荷兰人发起的海外殖民，开启大航海时代。英国的东印度公司、荷兰的联合东印度公司分别创立于 1600 年、1602 年，现代意义上的公司因此诞生。

公司是伴随封建制度逐步解体，资本主义迅速发展而产生的。自公司诞生以来，就不可避免地有劳资冲突。卓别林的《摩登时代》表现了资本原始积累早期资本家残酷剥削工人的现实。马克思的《资本论》提出了资本剥削劳动的剩余价值的论断，成为阶级斗争的基础理论，世界上社会主义与资本主义斗争了 200 多年。

资本是嗜血的，资方以利润最大化为目标，必然想尽办法让劳动者多干活、少拿钱；而劳方也谋求多拿钱、少干活。无论是资方强势，还是劳方强势，公司制下劳资对立不可调和，矛盾不可克服，冲突不可避免。

中国改革开放以后，学习西方，出现了国有经济、私营经济、个体经济、外资经济等多种经济成分共同发展的局面。中国在追赶经济，市场化改革和快速工业化，转制和转轨并行，推动中国经济迅速发展。中国已成为仅次于美国的第二大经济体，人均 GDP 越过万亿元大关，已初步进入中等收入国家行列。这是前无古人的伟大成就，这其中固然有中国学习西方先进管理经验，使国有企业、民营企业、个体工商业者、外资企业等多种经济主体竞相发挥各自优势的功劳。

但正是工业财富的迅速增长，掩盖了公司劳资不可调和矛盾的事实。实际上，劳资冲突造成的损失是惊人的，我们对此选择了宽容，因为在工业时代，公司是创造财富的主要经济组织。

随着工业化向数字化转型，这种在工业时代唱主角的公司，反而并不适应新形势的需求，突出的就是劳资冲突矛盾不可克服。新的经济组织形式呼之欲出。

（二）西方劳资冲突矛盾依靠市场调节理论失灵

新古典经济理论认为，在自由竞争的前提下，经济均衡能够通过价格机制自动达到。这就是市场看不见的手的魅力。商品价格的波动能够使商品供求达到均衡，没有产能过剩；利率的变动能使储蓄和投资趋于均衡，没有资本过剩；工资的涨落能使劳工市场供求均衡，实现充分就业。一切人为干预，特别是政府干预都是多余的，政府对经济的干预只会破坏这种自动调节机制，反而引起经济的动荡或失衡。这就是市场经济不干预的理论基础，但这个理论显然过于理想化、简单化。

质疑的声音认为，市场的自动调节机制肯定是存在的，并且其适用范围非常广，几乎适用于所有的商品，但不包括人、不包括劳动力。工资波动可以使劳工市场均衡实现充分就业，显然与现实不符。现实情况是几乎每个国家都存在着大量的非自愿失业，市场经济根本无法实现充分就业，理论与现实脱节。

最新主流观点是：由于劳动力的特殊性，降低工资会遭到工人的抵制，工资只涨不跌，向下黏性，真实工资率高于均衡水平，是失业的根本原因。向下黏性也就是凯恩斯说的工资有拒下刚性。

以上观点值得商榷。实际上，广大劳动者的工资就是收入，工资少了，收入就少了，消费也少了；企业产品滞销，效益下降，就会裁员，生产萎缩，整个经济规模会随之降低。由于劳动力的特殊性，工资决定不了劳动力供求，反而决定了经济总量的扩张与收缩，是左右经济周期的重要力量。

市场经济无法实现充分就业，这是由劳动力独一无二的供需一体化的性质造成的。劳动力本身既是供给也是需求者，既是生产者也是消费者，是供需一体化的。所以价格上升并不会导致需求下降，价格下降也不会导致需求上升。这就是经济学争论不休的市场失灵，市场的自动调节机制在劳动力市场是失灵的。

劳动力需求线是垂直的，而不是向右下倾斜的，其价格无论多高，需求都不会下降。今天欧美发达国家的人均工资是非洲落后国家的几十倍，但其失业率甚至比非洲国家的还要低，比如德国，作为人均工资全世界最高的国家之一，其失业率通常只有 3% 左右。这就是劳动力需求线是垂直的最好证明。

由于在市场经济下财富是按照各种生产要素的相对稀缺性来分配的，不能实现均衡也就意味着财富分配的失衡、利益分配的失衡。各种矛盾冲突也就随之而来。其中最核心的矛盾就是劳资矛盾，劳资双方在财富分配上的矛盾。劳动力市场供求失灵是造成贫富差距的根源，也是市场经济的最大缺陷，种种经济问题皆由此而来。

劳动力市场失灵导致的后果就是非自愿失业，这是经济运行的常态。非自愿失业也就是劳动力供过于求，而劳动力供过于求将导致财富分配向资本倾斜，同时由于劳动力市场无法通过价格调节实现均衡，所以这种供过于求会持续存在，不会自动消除。它将导致财富分配不断向资本聚集，使富人越来越富，穷人越来越穷。生产与消费失衡越来越严重，这种状况长期得不到调整，就会造成产能过剩，进而引发经济危机。市场经济周期性的经济危机不是偶然的，而是必然的，是市场经济内在缺陷导致的。

在劳动资本两要素模型中，资本积累的速度每年可以达到 GDP 的 30% 甚至更高；而劳动力增长很少超过 3%，许多国家维持零增长。也就是说劳动力相对资本而言会越来越稀缺，资本会越来越丰富。如果市场不会失灵，充分就业可以通过价格调节自动实现。那么随着经济发展，资本积累，劳动力的回报会越来越高，资本回报会越来越低。在市场的自发调节下，贫富差距会越来越小。可现实情况却是资本回报越来越高，劳动力回报越来越低，贫富差距越来越大。贫富差距导致的经济问题是所有经济体的噩梦，是一个世界性的问题。法国经济学家托马斯·皮凯蒂（Thomas Piketty）的《21世纪资本论》，很深刻地解释过这个问题。

微观基础不牢，宏观只会越调越乱。劳动力是人不是商品，依靠人、为了人，人是生产要素，但也是生产目的。工资刚性恰恰使社会进步。以工资调节就业，在逻辑上是本末倒置，这是市场调节理论的最大逻辑问题。

（三）“公社”理念值得借鉴

中国在社会主义建设阶段，曾经尝试“公社”这种组织试验。社员是“公社”的主人，是“公社”的所有者，自己为自己打工；分配采用“多劳多得，少劳少得，不劳不得。不劳动者不得食”原则。理想很丰满，现实却很骨感。因为缺乏科学有效的记账体系，无客观透明的记账工具，因低效率而最终消亡，被后来的家庭联产承包责任制代替。

无独有偶，明朝的覆灭，很大程度上与其国家财政制度设计不合理有关，从一开始就注定了灭亡。指令集中，管理分散，财政体系之下的数百个政府主体都要自己解决记账、库存、调动等问题，带来了数不清的巨大麻烦，使明朝公共管理的严密性遭到巨大破坏。

（四）数字共同体是劳资冲突的解决方案

为缓解劳资对立矛盾，我们提出了数字共同体办法（见表 4.1）。

表 4.1　数字共同体缓解劳资矛盾，改善生产关系

组织形态	性状描述
传统公司	劳资冲突矛盾难以克服
“公社”	理念先进，但存在“大锅饭”问题
数字共同体	劳资一体，共同富裕

数字共同体是有收益、有爱、有成长性的命运共同体，利之所系，情之所系，心之所系，社群人是主人，与共同体休戚相关，共同进退，生死与共。社群人既是老板又是员工，自己为自己打工。这里劳资融合成为一体，彻底颠覆了劳资关系、生产关系，自然就不会有劳资分歧，更不会有劳资冲突。数字共同体是解决劳资冲突矛盾的彻底办法。

在工业时代，我们选择容忍公司，除了因为公司是创造财富的主体这个理由外，没有很好的解决办法也是重要原因。由于有了区块链技术，数字化记账、共识、行为等，客观公平、公开透明的激励机制和分配机制容易形成，共有、共识、共行、共享都能够高效率实现，数字共同体能够落地。

数字共同体与“公社”是集体经济，理念是先进的、相通的。数字共同体既克服了“公社”的弊端，又能借鉴“公社”的先进理念，数字共同体将作为一种克服劳资冲突矛盾的升级换代产物。

传统公司中，资方与劳方天生就有不可克服的劳资矛盾；在过往的“公社”，社员是主人，采用“多劳多得，少劳少得，不劳不得。不劳动者不得食”的分配原则，理念先进，但实际运行后有“大锅饭”问题；选用数字共同体模式，劳资一体，是实现共有、共识、共行、共享、共同富裕的商业逻辑。

无论是逻辑上，还是落地应用上，数字共同体都是可行的，其一经出现就呈现强大的生命力，必将成为数字经济时代的主流经济组织。

二、数字共同体扩大了公司资源配置边界

（一）共同体使组织外延放大

作为经济组织的共同体，外延放大的目的是提高配置资源的能力。共同体可以是一个城市、一个区域、一个园区、一个产业、一

个产业集聚、一个国际区域等。

比如城市共同体，这个概念是德国思想家马克斯·韦伯（Max Weber）提出的，他认为城市共同体必须具备以下特征：①工商业性格；②防御设施；③市场；④自己的法庭以及法律；⑤团体的性格；⑥自律性与自主性。

区域共同体因为地理上接近而形成。比如成渝地区双城经济圈通过在设施互通、产业协作、创新协同等重点领域深化合作，可高水平打造分工合理、协作联动、优势互补的区域发展共同体。再如长三角区域一体化发力区域发展共同体，打造世界级产业集群和标志性产业链，争取创建长三角国家技术创新中心；同时，培育长三角大市场，推动形成以国内大循环为主体、国内国际双循环相互促进的新发展格局。

各地众多的数字科技园区或数字经济园区及相关主题的孵化基地、主题园区竞相涌现，这些无疑成为发展数字科技、发展数字经济、培育数字生态的最佳着力点之一。

产业共同体，打通公司上下游产业链的纵向联合，促进上下游企业和社群人在资金、货物、人员、技术、服务上自由流通，并进行知识分享。

产业集群共同体，不但包含生产和经营企业，还包含如政府、金融机构、研究机构、客户和行会等主体。

国际区域共同体，有如中国发起的“一带一路”倡议。

“一带一路”倡议的目标是建立一个政治互信、经济融合、文化包容的利益共同体、命运共同体和责任共同体，构建一个互惠互利的利益、命运和责任共同体。“一带一路”是中国与丝绸之路沿线国家分享优质产能，共商项目投资、共建基础设施、共享合作成果，内容包括设施联通、贸易畅通、货币流通、政策沟通、人心相通“五通”，肩负着三大使命，即探寻经济增长之道，实现全球化再平衡，开创地区新型合作。

（二）企业通过搭建共同体，提高资源配置能力和竞争力

数字共同体简单说就是公司＋社群。相比公司员工，社群人没有劳动合同约束，自由度很高，社群可以做得很大。社群可能有几万人、几十万人、几百万人、几千万人，甚至过亿人。正是这个原因，才使数字共同体具有规模优势，也叫作规模经济优势，资源配置能力呈加速度提升，可以放得很大。

但数字共同体是有灵魂的，具有达成共识的价值观，行为统一而极具智慧与效率。正所谓大音希声，大象无形。数字共同体是中国画，神似而形不似；数字共同体是散文诗，行散而神不散。

1. 上下游产业链纵向联合的意义

搭建合作网络，促进资金、货物、人员、技术、服务自由流通，深入挖掘上下游公司或个人的发展经验，并加强分享交流，共同营造开放、公平、公正的发展环境，形成产业链、供应链、价值链共同体。打通公司上下游产业链，并将其纳入一个数字共同体中，实际上是产业链中产品、价值和知识的再造过程，实现知识创新和价值创造。

实现数字共同体的产业链上下整合，对优化资源配置、推动产业转型升级，都具有积极作用，具有三点优势：

第一，产业链上下游合作加强。一方面交易成本大大降低；另一方面短视利益转化为长期可持续利益。

第二，产业链上下游协调加强。一方面企业可通过产业链补齐自身技术和资源的短板；另一方面互相学习、取长补短、共同提高。

第三，产业链整体实力加强。企业与企业抱团取暖，共同面对宏观环境和市场威胁。一方面外部环境好时可抓住机遇搞创新，快速发展；另一方面，危机出现时，小船连锁在一起形成大船，抵抗大风大浪的能力大大提升。

2. 公司所在产业集群联合的意义

产业集群以前主要是指地理空间在一起的业务相互有关联、有支撑的一组企业的集合。各个企业有分工有合作，产业集群让各个企业主体相互间的活动具有更高效率。

互联网出现后，产业集群突破了地域限制，利用高度发达的网络与物流，将供应链内各企业有机地联系在一起，分享信息与资源，加强合作与协作，打造产业升级、绿色发展的目标。这就是产业数字共同体。

构建产业数字共同体的优势有 3 个：

第一，企业具有更强的信息和学习能力。发达的信息网络，企业市场信息、技术、生产方法和管理经验，能够更快速便捷地以低成本传播或沟通，大大地提高企业经营决策水平。

第二，企业具有更强的资源组织能力。通过网络，资源交流与互换更为高效，资源要素转变为资本更为有效，各个企业还可利用数字共同体虚拟资源，互相帮扶，取长补短，互惠共享。

第三，企业具有更强的产业话语权甚至是国际话语权。特别是产业数字共同体是一个更高效的虚拟整体，其抗风险能力也会有显著提高。

3. 企业打造利益共同体以提升竞争力

企业打造利益共同体，从投资者、经营者扩大到劳动者，甚至扩大到上游的供应商和下游的销售对象。

华为是这方面做得很成功的一个例子。

作为中国最大的民营科技企业，华为最具特色的管理，就是其奉行的双赢的利益共同体理念，即把创造财富的各主体，都作为财富分享的对象。无论是企业员工、供应商，还是主要销售对象，都能以不同的形式和方式，在财富创造链中分享财富，都是这一理念的受益者。华为依靠利益共同体理念激活了整个组织。

一是企业员工共享利益。当今社会，企业与员工不再是简单的雇用与被雇用关系，而是相互协作的关系。华为深刻认识到，只有通过利益共享，激励员工以更大的积极性和热情投入工作，企业才能获得更大收益。因此，除了给员工提供居行业前列的待遇外，华为采取通过知识参与分配等形式，让员工认购公司股份、根据企业利润发放年终奖、提供一流园区设施和工作生活环境等措施，与员工分享利益。因此，一批批著名高校毕业生和大量业界优秀人才纷纷投奔华为，极大地充实了华为的技术力量。

二是供应商共享利益。华为不断改善服务，加强与供应商的价值共享，实现双赢。华为不拖欠资金，对供应商付款的及时率达到95%，专门建立定期对账制度和财务付款自动传真系统，帮助供应商收款核销，掌握回款进度；为回应华为的服务改进，供应商也在改进包装等方面提出建议，帮助华为降低成本。

三是销售对象共享利益。在与销售对象的利益分配与幅度上，华为在不同时期采用了不同方式。在创业早期，华为通过全国各地组建合资公司，为公司产品开辟庞大销售渠道，不仅与客户建立了长期合作关系，同时降低了市场开发费用。目前，基于制度环境变化，华为开始有计划地转变分散在各地的合资公司，并更加注重提高服务水平和质量。通过提供更贴近顾客需求的产品来和顾客分享价值。

总之，华为本着利益共同体理念，打通价值链上各利益主体的利益结合点，通过协作，减少了相互之间因沟通不力造成的整体价值链的内耗，为各利益主体赢得了更大的利益空间，华为自身也形成了相对的竞争优势，使自己迈上了快速发展的轨道。

DAO是由达成同一个共识的社群人自发形成的共创、共建、共治、共享的协同行为组织。DAO基于区块链理念与技术，将组织的管理和运营规则以智能合约的形式编码在区块链上，在没有集中控制或第三方干预的情况下自主运行。

DAO 是 2016 年由布特林提出的。2016 年，布特林通过 The DAO 创建了以太坊项目。

关于 DAC，实际上，EOS 的创始人丹尼尔·拉莫瑞（Daniel Larimer）早在 2013 年就提出了，并且拉莫瑞还发明了 DPoS。

DAS 代表了部分先见人士对于未来的看法，意味着一种人类未来数字社会的可能性。DAS 的出现需要无数个 DAO 支撑，因此构建 DAOs 网络是我们接下来的必经之路。

从 DAC 到 DAO 再到 DAS，基于区块链的智能合约和去中心化特点，将把传统的商业经营搬到区块链网络上，发挥着组织功能。

DAO 技术逻辑架构包含互联网传输控制协议 / 网际协议（Transmission Control Protocol / Internet Protocol，TCP / IP）底层、物理网络 P2P 层、共识算法层、交易记录数据层、智能合约应用层 5 个层次（见图 4.1）。

图 4.1　DAO 的 5 个层次

第一层是 TCP/IP 底层。技术是 TCP/IP 协议，TCP 是内容协议，IP 是地址协议，有了地址，就能够交流信息了。这个是大家天天都在使用的技术。

第二层是物理网络 P2P 层。P2P 就是分布式的点对点通信网络。DAO 作为分布式的组织，底层的基础网络也需要是分布式的。中心化网络有单点失效问题，攻击者只要拿下中心服务器，整个网络就都被拿下了。DAO 上面是要进行经济活动的，比如转账，不像今天的互联网是中心化的应用，主要是看看图片和新闻什么的，数据丢了也好，泄露了也好，都无所谓。转账则不同，账是最重要的数据记录，一定不能是单点失效，一定要是分布式的。一个地方的账本数据被篡改了，其他账本数据都在，通过超过 50% 的记账节点验证，直接否定掉单点错误，保障数据正确运行。

中心化、去中心化、分布式网络示意图如图 4.2 所示。

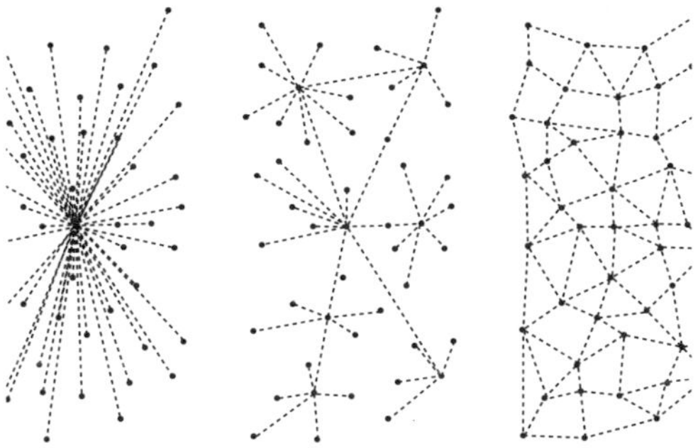

图 4.2　中心化、去中心化、分布式网络示意图

第三层是共识算法层。DAO 的治理基于网络上的用户之间的平等地位，最终的决策要交由共识算法来完成。常见的共识算法有 PoW、PoS、DPoS、PBFT 等。

第四层是交易记录数据层。这一层要能够安全地存储交易记录。区块链是价值互联网，这样 DAO 才能运行。

第五层是智能合约应用层，也是应用层。智能合约中写些什么，是由具体业务决定的。

有了这 5 个层次，就是一个功能比较完善的 DAO 了。

DAO 具备如下特征：

（1）分布式与去中心化（distributed and decentralized）。

DAO 中不存在中心节点以及层级化的管理架构。它通过自下而上的网络节点之间的交互、竞争与协作来实现组织目标。因此，DAO 中节点与节点之间、节点与组织之间的业务往来不再由行政隶属关系决定，而是遵循平等、自愿、互惠、互利的原则，由彼此的资源禀赋、互补优势和利益共赢所驱动。每个组织节点都将根据自己的资源优势和才能资质，在激励机制的作用下有效协作，从而产生强大的协同效应。

（2）自主性与自动化（autonomous and automated）。

在一个理想状态的DAO中，管理是代码化、程序化且自动化的。“代码即法律”。组织不再是金字塔式而是分布式，权力不再是中心化而是去中心化，管理不再是科层制而是社区自治，组织运行不再需要公司而是由高度自治的社区替代。此外，由于DAO运行在由利益相关者共同确定的运行标准和协作模式下，组织内部的共识和信任更易达成，可以最大限度地降低组织的信任成本、沟通成本和交易成本。

（3）组织化与有序性（organized and ordered）。

依赖于智能合约，DAO中的运转规则、参与者的职责权利以及奖惩机制等均公开透明。此外，通过一系列高效的自治原则，相关参与者的权益得到精准分化与降维，即给那些付出劳动、作出贡献、承担责任的个体匹配相应的权利和收益，以促进产业分工以及权利、责任、利益均等，使组织运转更加协调、有序。

（4）智能化与价值化（intelligence and economization）。

DAO底层以封装了支持DAO及其衍生应用的所有基础设施，包括互联网、区块链、人工智能、大数据、物联网等为技术支撑，以数字化、智能化、链上链下协同治理为治理手段，改变了传统的科层制以及人为式管理方式，实现了组织的智能化管理。在DAO治理过程中可以用记账数据（比如积分）方式做激励手段，将组织中的各个元素（例如人、组织、知识、事件、产品等）数字化、经济化，从而使货币资本、人力资本以及其他要素资本充分融合，更好地激发组织的效能和实现价值流转。

DAO具有充分开放、自主交互、去中心化控制、复杂多样以及涌现等特点。与传统的公司不同，DAO 不受现实物理世界的空间限制，其演化过程由事件或目标驱动，快速形成、传播且高度互动，并伴随着目标的消失而自动解散。

一个 DAO 的诞生，必须具备三个基本要素：

一是具有能与陌生人达成共识的组织目标和组织文化（使命、愿景、价值观）。

二是具有能与陌生人达成共识的包含创立、治理、激励等内容的规则体系，且此规则通过区块链技术置于链上。

三是具有能与所有参与者形成利益关联的记账来实现全员激励。

DAO 的优势在于：

一是快速、无边界的业务决策；二是可高效实行组织范围内的投票；三是规则防篡改。

当然，DAO 也有局限性。比如过程缺乏监管。

智能合约已经实现让很多人工任务变成自动化执行。例如，智能合约可以决定 A 是否可以向 B 发送资金，这个决定基于它是否满足一组标准。问题在于，无法仅通过点击按钮来完成很多活动。

其中一个案例是关于分配工作资金。例如，DAO 可以使用智能合约来发送资金，开发团队用该资金构建 App。但是，DAO 无法确保开发团队完成开发或者甚至无法确定资金是否被正确使用。

DAO 的出现意味着人们可以更自由、自主地选择组织协同，它能最大化地实现组织的效能及价值流转，这或许将促进人类创意和创造达到更高的效率性，从而形成新的商业变革。同时，DAO 也有望成为应对不确定、多样、复杂环境的一种新型有效组织。

（1）推进智能化管理。

从人工智能的发展脉络来看，分布式人工智能不仅代表着未来的发展方向，同时也进一步为 DAO 的智能化管理提供了实现基础。

分布式人工智能主要研究在逻辑或物理上分散的智能系统如何并行、相互协作地求解问题，在一个分布式系统中，既没有全局控制，也没有全局的数据存储，系统中的各路径和节点既能并发地完成信息处理，又能并行地求解问题，因此分布式人工智能系统比集中式系统更具开放性和灵活性。DAO 使用智能合约，即建立该组织规则并自动执行决策的代码片段，是分布式人工智能的基础。

此外，分布式人工智能系统并非一个封闭的系统，其可以与互联网、区块链等相连接，实现系统规模的指数级扩大。这样不仅提高了系统的灵活性，降低了问题的求解代价，同时也为智能化管理提供了实现手段。面向未来，DAO 必然与人工智能相结合，从自动化走向智能化。

（2）DAO 与生俱来的激励机制或将成为资本市场新宠。

随着 DAO 这一类型的组织数量的快速攀升，伴随着记账数据（比如积分）的出现，DAO 或许将成为资本市场新的追逐对象。数字资产的交易或许会迎来一个新的发展机遇。

（3）链上与链下的协同治理需求，或将带来区块链应用的高速发展。

DAO 在发展过程中，为了解决决策的效率问题，或许也将演化出部分 DAO 的形态。而在协同过程中所需解决的协同效率问题，引发出区块链商业应用的大爆发或许只是时间问题。

（4）区块链不仅是生产力，还是生产关系。DAO 通过区块链技术的应用，实现了以记账数据来完成“三权”（所有权、治理权、分红权）分离和“三权”无限分割，从而使全员所有变成了一种可能。这或许将引发组织体制大范围从私有制进化到公有制的趋势。

（5）DAO 作为一个分布式自治组织，可以由一个互联网社区升级而来，由其成员拥有，运行在区块链技术上。

（6）DAO 是分布式的共有、共识、共行、共享组织，特别适合升级传统企业组织。区块链和 DAO，或能推动传统企业链改。企业把价值增值过程搬到区块链上，在营销、融资、治理各方面发挥作用。把原来的企业扩展到“企业 + 社区”，把资金、原材料、技术、劳动、政策、供应链、市场、用户等纳入社区，实现“平台＋节点”组织模式，可以放大企业整合全行业资源的能力，更系统更高级地实现企业增值目标。

（7）工业时代是一对一销售和渠道销售，互联网有线上销售和社区生态销售，区块链通过分布自治社区 DAO 搭建的社区生态销售，将代理与节点结合起来，更有力量。互联网社区生态对代理只能返点，对最终用户只能打折，但是，区块链社区生态，不仅可以返点打折，还能做记账激励或积分激励，即“双激励”。

（8）用自治组织 DAO 去构建生产和供应链，能够更高效地创造财富，推进产业数字化和促进数字经济发展。将上游的资金、技术、劳动、原材料等各种资源，以及下游的市场客户等一起纳入，最大限度地整合行业资源，发展企业。区块链特别适合供应链场景，可以通过溯源、协作、激励，提高供应链品质与效率，千业可用。区块链做电子商务，可以克服假货，“没有中间商赚差价”，实现“消费者就是投资者”模式，是更为理想的超越互联网电子商务 1.0 的 2.0 版本。

（9）自组织 DAO 也可放大到其他经济社会组织，或是治理体系和治理能力现代化的可选项。

做得很成功的 DAO 的典型例子就是比特币和以太坊。“比特币社区”在没有“老板”中本聪的情况下，大家在一个共同的愿景下，在包括激励机制在内的“代码即法律”智能合约支撑下，自己为自己打工，稳定运行 10 余年，秩序良好。以太坊社区虽然有“负责人”布特林在，但决策权在社区矿工。这就是 DAO 这种分布式自治组织的巨大魅力，颠覆了我们对组织的传统认知。

除一些大型区块链项目外，也诞生了一些有特色的 DAO，如：

（1）资产收藏 DAO。

资产收藏 DAO 和普通 DAO 类似，但主要关注 NFT 领域。

由于 NFT 领域的体量有限，需要基于共识的价格发现，因而大型资本无法大面积进入。而资产收藏 DAO 具备中小资本的灵活优势，同时以更加有组织和专业化的形态加入进来，可以成为策展机构，为特定艺术家、平台或系列作品充当运营推手，有助于带动 NFT 市场资本体量的提升和长期的价值培育。

资产收藏 DAO 的投资范围可以不断拓展，比如购买稀有的历史文物、获取娱乐体育类的特许经营权，链上交易记录使得投资行为更加透明和可追溯。

（2）服务 DAO。

伴随着区块链诸如公链、Defi、DAO、NFT 等版块，诞生了诸多相关的项目，有时候好的创意在恰当的时机落地显得极为关键，因此，及时满足其对成熟的专业人才的需求有时就变得特别紧迫。

这催生了区块链的人才机构“服务 DAO”的产生，使从法律到创意、从治理到营销、从开发到资金管理等方面，创建了项目方与 Web3.0 雇员签约的渠道。专业人员在完成特定的任务后，获得任务赏金。

服务 DAO 可以重塑人们未来的工作方式，使全球的人才可以在自己可控的时间内工作，也使人们的工作履历和工作技能通过链上的记录得到确认和累积。

（3）创作 DAO。

创作 DAO 旨在将具有共同使命或爱好的人，聚集一个社区中，为某些目标进行统一行动的谋划。通过发行“通证”或者 NFT 进行组织管理，使成员有动力创建一个有价值的社区。

（4）媒体 DAO。

媒体 DAO 通过去中心化的方式重塑了内容的产生者、消费者同媒体的互动方式。这些 DAO 不依赖基于广告的收入模式，而是使用“通证”激励来奖励生产者和消费者在给定内容上的所有权。

媒体 DAO 为打破基于广告收入的模式，重新调整读者和制作者之间的利益分配。

（5）赠款 / 慈善 DAO。

捐赠是 DAO 的第一个实用案例，社区捐赠资金并使用 DAO 投票，决定如何以治理提案的形式，将资金分配给各种贡献者。

慈善 DAO 也开始出现，以重新想象如何进行慈善捐赠。

设想未来，人类因共同命运走到了一起，全世界不同人员都加入了不同的社区 DAO 组织，社区管理完全靠自治。组织与组织之间也做到了和谐共处，通过异构多链技术和智能合约实行不同社区的自动治理。在区块链生态体系的感召下，人们为了追求更加美好的生活，解放自己对自己的束缚，追求真正的自我，很多人都复制了自己的机器人。把生物芯片植入人的大脑中，采取物联网技术把自己的思维、意识等传输到机器人大脑中，实现人机交流。机器人与机器人之间也做到了和谐、融洽，通过区块链技术解决了信任问题，为了不伤害、不干涉其他人，通过智能合约限制约束机器人的行为。在节点治理的生态体系下，世界越来越文明，社会越来越和谐。

第五章

数据要素与财富创造机器

一、数据要素是创造财富的核心要素

（一）数据是创造财富的要素，是数字经济时代的核心要素

实际上，农业经济时代的核心生产要素是土地和劳动力，谁拥有了土地和劳动力，谁就拥有了财富；工业经济时代的核心生产要素是资本和技术，谁拥有了资本和技术，谁就拥有了财富；而数字经济时代的核心生产要素是数据，谁拥有了数据，谁就拥有了财富（见图 5.1）。

图 5.1　农业经济、工业经济、数字经济时代的核心要素

（二）数据要素已得到充分肯定

数据要素意味着能够通过数据产生价值、创造财富。

2017 年，中共中央政治局就实施国家大数据战略进行第二次集体学习，明确提出，构建以数据为关键要素的数字经济。2019 年，党的十九届四中全会通过的《中共中央关于坚持和完善中国特色社会主义制度　推进国家治理体系和治理能力现代化若干重大问题的

决定》，首次明确将数据作为生产要素参与社会分配。

2022年1月，国务院印发《"十四五"数字经济发展规划》，提出充分发挥数据要素作用，加快数据要素市场化流通，加快构建数据要素市场规则，促进数据要素市场流通。

2022年4月，《中共中央　国务院关于加快建设全国统一大市场的意见》提出，加快培育统一的技术和数据市场，加快培育数据要素市场。

2022年6月22日，中央全面深化改革委员会第二十六次会议，审议通过了《关于构建数据基础制度更好发挥数据要素作用的意见》，再一次充分肯定数据要素，提出构建数据基础制度。

数据要素被中国政策肯定，这必将大大推进数据创造财富的进程，必将大大推动数字经济发展。

我们有幸可能是最早提出数据要素的学者，曾在《情报理论与实践》杂志1996年第5期上撰文《论信息化对经济增长的影响》，率先提出信息是第四增长要素的观点。

（三）数据交易所使数据要素政策落地

2015年贵阳成立了全国第一个大数据交易所——贵阳大数据交易所，中国场内数据交易开始出现。但在接下来的数年时间中，无论是数据的场内交易还是场外交易，都面临着诸多堵点，比如场内交易的活跃度、场外交易的安全监管等。

受到市场需求的推动和政策的支持，2021年至今，北京、上海、深圳、广州、福建、重庆、合肥等多地筹建或已建成数据交易中心。

截至2022年，我国的数据交易所（中心）已有46家（见表5.1）。

哪些数据能交易呢？

一是业务咨询类数据。比如对市场的描述和分析，引导投资、生产和消费，大数据营销，智能生产，智能投顾等。政策咨询、企业经营管理咨询也属于此类。这一类往往因为是大数据才有交易价值。所谓数据要素、数据改善决策也是这一类。要注意，有意识形态、保密和隐私问题的数据是不能拿出来交易的。

二是文化消费类数据。比如网络文学作品、音视频、动漫等。最近火爆的 NFT/ 数字藏品也可归到这一类。这一类往往就是数字消费品一类。这一类交易需要保护版权和知识产权。

三是数字资产类数据。这一类包含的品类很复杂，比如专利、软件、商标、房地产等的资产证明、信用证、商品提货单、企业股权、个人 IP 等。股票和电商也属于这一类，由于很重要，单独有解决机制。境外加密代币也属于这一类。需要注意的是，代币这一类在我国是明令禁止的。

表 5.1　我国的数据交易所（中心）

成立年份	机构	地区	工商状态	交易总额
2014	中关村数海大数据交易服务平台	北京	无	未公布
	北京大数据交易服务平台	北京	无	未公布
	香港大数据交易所	香港	仍注册	未公布
2015	贵阳大数据交易所	贵州贵阳	存续	2018 年后未公布
	华东江苏大数据交易中心	江苏盐城	存续	未公布
	武汉东湖大数据交易中心	湖北武汉	存续	未公布
	武汉长江大数据交易中心	湖北武汉	存续	未公布
	华中大数据交易所	湖北武汉	存续	未公布
	重庆大数据交易平台	重庆	无	未公布
	西咸新区大数据交易所	陕西西安	在业	未公布
	交通大数据交易平台	广东深圳	无	未公布
	河北大数据交易中心	河北承德	无	未公布
	杭州钱塘大数据交易中心	浙江杭州	存续	未公布
2016	上海数据交易中心	上海	存续	未公布
	浙江大数据交易中心	浙江杭州	存续	未公布

续表

成立年份	机构	地区	工商状态	交易总额
2016	哈尔滨数据交易中心	黑龙江哈尔滨	存续	未公布
	丝路辉煌大数据交易中心	甘肃兰州	无	未公布
	广州数据交易服务平台	广东广州	注销	未公布
	亚欧大数据交易中心	新疆乌鲁木齐	无	未公布
	南方大数据交易中心	广东深圳	存续	未公布
2017	青岛大数据交易中心	山东青岛	在业	未公布
	河南平原大数据交易中心	河南新乡	存续	未公布
	河南中原大数据交易中心	河南郑州	存续	未公布
2018	东北亚大数据交易服务中心	吉林长春	存续	未公布
2019	山东数据交易平台	山东济南	存续	未公布
2020	安徽大数据交易中心	安徽淮南	无	未公布
	北部湾大数据交易中心	广西南宁	存续	未公布
	山西数据交易平台	山西太原	无	未公布
	中关村医药健康大数据交易平台	北京	无	未公布
2021	北京国际大数据交易所	北京	存续	未公布
	贵州省数据流通交易服务中心	贵州贵阳	无	未公布
	北方大数据交易中心	天津	存续	未公布
	上海数据交易所	上海	存续	未公布
	华南国际数据交易公司	广东佛山	存续	未公布
	西部数据交易中心	重庆	存续	未公布
	深圳数据交易所	广东深圳	存续	未公布
	合肥数据要素流通平台	安徽合肥	存续	未公布
	德阳数据交易中心	四川德阳	存续	未公布
	长三角数据要素流通服务平台	江苏苏州	存续	未公布
	海南数据产品超市	海南海口	无	未公布

续表

成立年份	机构	地区	工商状态	交易总额
2022	湖南大数据交易所	湖南长沙	存续	未公布
	无锡大数据交易平台	江苏无锡	存续	未公布
	福建大数据交易所	福建福州	存续	未公布
	广东数据交易所	广东广州	存续	未公布
	青岛海洋数据交－易平台	山东青岛	无	未公布
	郑州数据交易中心	河南郑州	无	未公布

数据交易是一个新事物。我们认为，数据交易应以区块链等新数字技术为支撑，解决数据确权、封装、交易、定价、溯源、存证等问题；数据交易不仅交易数据，更应该成为数字资产的交易平台。

二、数字共同体是以共识流量为支撑的财富创造机器

数字共同体遵循和践行国家关于数据要素的政策定性。

数据共同体的核心是人和社群行为，以及由此产生的共识流量。我们说数据共同体是财富创造机器，其财富就是由共识流量创造的。共识流量可纳入数据要素范畴。

（一）传统产业、互联网、数字共同体创造财富逻辑对比

我们可以把数字共同体创造财富逻辑与传统工业和互联网做一个对比。

传统工业是差价经济逻辑，先是投入，后是产出，产出比投入多，产生差价。企业之所以存在就是因为有增值。组织经济学的交易成本理论认为，企业之所以存在，就是因为合起来可以比每个员工单独创造更多价值。

比如，把当期吃不完的谷物种在田里，等下一期收获更多，这是种植差价；把当期吃不完的猎物圈养起来，等打不到猎物时吃，这是养殖差价。这些是时间位移的增值。

再比如，用西北地区的煤发电，供东南地区的工厂用电。西北地区的煤运到东南地区，由火电厂发电，供应生产生活需要，这是空间位移的增值。等到特高压技术出来，中国拥有 1 000 千伏特高压输电技术，煤不用从西北地区往东南地区送了，坑口电站工程可以通过特高压送电。增值的效率提高了。

将优美的湖水抽取出来，经过石英砂过滤器、紫外线杀菌装置，以及臭氧混合系统，进入吹灌旋一体机吹瓶罐装，风道传输至包装生产线，烘干、喷码、检测、贴标，分组称重，打包装箱，运往各地销售，这就是制造差价。

自然界花开得鲜艳，贡献给人美景也贡献给蜜蜂蜜源，同时花也得以授粉；植物果实给人食用，吃完帮助传种。大自然的各种循环，都是增值哲学。增值不仅是自然界繁衍生长的基本逻辑，也是人类社会文明进步的准则。

互联网出现后，财富运行法则有了一些新意。这就是免费 + 流量法则，即“羊毛出在狗身上”。具体就是，互联网平台企业提出一个创新性应用，比如新浪的新闻、百度的搜索、网易的游戏、腾讯的微信、阿里的淘宝、360 的网站卫士等，大家使用都不需要花钱、点击都是免费的。平台企业通过免费提供服务，跑马圈地，快速积攒人气、积累流量。有了流量和知名度后，平台企业为其他企业提供收费广告服务。流量越大，广告效果就越好，就能收到更多的广告费。然后用广告费，养活互联网提供的各项免费服务。这样就形成了具有逻辑闭环的财富运行。这就是互联网流量经济的逻辑，也有人称为注意力经济、眼球经济。“羊毛出在狗身上”，就是本来从受服务的受众那里收钱，改为从做广告的企业那里收钱。互联网平台因为这种有创意的操作，迅速发展，形成今天这样枝繁叶茂的互联网经济。

互联网讲流量，数字共同体更讲流量。流量创造财富的逻辑是，量大就有规模效应。不同之处在于，互联网流量用在广告上，而数字共同体流量产生的规模效应，可以体现到全产业链的每个环节，降低生产成本、加快商品流通、消费创造价值，独特的营销模式改变了关系。

首先，从企业原材料的采购环节看，因为采购的规模大、循环快，对接上下游供应商时有更大的议价权，这样采购的成本就低。原材料成本降低，就相当于商品的价格降低，对于消费者来说，可以用更低的价格得到更多的产品，或享受到更高品质的产品。

其次，从生产环节看，量大让企业可以订单式生产，减小库存压力，加快商品的循环和资金的周转。

再次，从消费环节看，随着消费量的累加，企业的利润得到累加，消费者价值就在于积累。

最后，从营销环节看，统一的营销方案、统一的价格体系、统一的利润空间、统一的市场行为、独特的营销模式构成了全国统一大市场，这里有系统性效率。

数字共同体与互联网比，还有一个更突出的优势就是，它是共识流量。这种共识流量来自充分信息沟通与达成广泛共识后，社群行为的正确选择，从而带来资源优化配置，也就是财富增加。

从生产角度看，对于哪些该生产，哪些不该生产，哪些产品或服务是受欢迎的，企业生产有导航图，避免了重复建设和无谓浪费。

从消费角度看，在信息爆炸时代消费者往往无所适从，网红能帮我们买到真正有用的东西，杜绝无效购买。

从流通角度看，没有中间商赚差价，数字共同体一端连接供应商，另一端连接消费者，供应链环节得到最大化缩短。

从分配角度看，每个个体都有公平收入分配，最大限度地调动大家的积极性，减少组织摩擦。

……

数字共同体通过共识流量改善决策，从生产、消费、流通、分配各角度，全方位提高资源配置水平，从而创造了价值。

（二）数字共同体与互联网平台的商业逻辑对比

传统工业经济出现严重问题，互联网经济也有“天花板”迹象，数字共同体承载着未来经济发展的希望。

数字共同体的流量不是乌合之众的流量，而是共识流量，是经充分的信息沟通之后达成的广泛共识、导致的统一行为所产生的有质量的流量（见表 5.2）。

表 5.2　数字共同体与互联网平台的商业逻辑对比

类型	特征	财富增长速度	经营哲学	范式
数字共同体	共识经济	加速度放大	行为即收入，资源优化创造财富	沟通共识智行
互联网平台	流量经济	倍数放大	点击免费，“羊毛出在狗身上”	乌合之众

互联网是流量经济、规模经济，财富增长速度比传统工业单纯的差价经济有了倍数效应。数字共同体是共识经济，在互联网流量基础上还有英明决策，财富增长速度有了加速度效应。

数字共同体与互联网比还有一个最大的不同，互联网免费，而数字共同体更上一层楼，免费更彻底。区块链有一个伟大的创举，就是软件不仅开源免费，还给钱，行为即收入，社群人不用交钱，只要有行为，就能够将数字共同体作为发家致富的平台。社群人当家作主，通过行为创富，公平得到自己的收入。而互联网平台则将大家应得的收入悉数纳入自己手中，不给受众一分一毫。这样看，数字共同体与互联网平台，在格局上是不是根本就不在一个层次？

互联网平台比实体做得快，因为免费且有流量有人；数字共同体涵盖互联网平台和实体，不仅平台免费，而且行为即收入和客观公平分配，因而有流量更有人心。

为什么数字共同体是一个加速度创造财富的机器，就是因为共识流量具有强大的商业逻辑。

（三）数字共同体是差价经济、流量经济、共识经济的集合体

数字社会起源于工业社会，将工业作为自己的一个支撑条件，就像工业社会起源于农业社会，将农业作为自己的一个支撑条件一样。工业社会，需要农业生产，满足基本的衣食。同理，数字共同体，也将需要工业生产，满足基本的生活新刚需，以及制造数字硬件。农业社会也是工业社会的一个子集，被包含在工业社会之中。同理，工业社会是数字共同体的一个子集，数字共同体的范围更广、形态更壮观。未来社会是农业、工业、信息业多层叠加形成的多维机制，好比是多组机器套装的广义机器，其中，信息业叠加在工业之上、工业又叠加在农业之上。数字社会的数字共同体，并不排斥之前农业社会和工业社会的各种经济组织，而是包含并升级的。

实际上，差价经济、流量经济、共识经济并不是互相排斥的，而是层层递进的（见表 5.3）。

传统行业：差价经济。

互联网平台：差价经济 + 流量经济。

数字共同体：差价经济 + 流量经济 + 共识经济。

表 5.3　差价经济、流量经济与共识经济的对比

类型	价值来源	支撑	核心竞争力
差价经济	分工产生交易	产品	专业
流量经济	规模产生节约	平台	品牌
共识经济	选择产生配置	规则	意见领袖

差价经济的价值来自社会分工而产生的交易。凡交易都增值，凡交易都共赢。价值的载体是产品和服务。企业需要有专注力和专业能力，才能赢得竞争优势。

流量经济的价值来自量大产生的规模效应，或节约效应。量大折扣就大，效率就高。互联网平台是典型的流量载体。要获得流量，就需要产品和服务的美誉度，品牌就是核心竞争力。品牌建设至关重要。

共识经济的价值来自社群行为选择。英明的选择或决策就是共识效应，进而带来资源配置水平的提高。这里价值观规则很重要，有了共同的价值观、共同的认知才有共识，有共识才有统一行为。这就需要有权威的理论体系做支撑，意见领袖就是核心竞争力。

时下数字经济时代，商业逻辑也在升级。三流企业做产品，二流企业做平台，一流企业做规则。数字共同体的商业逻辑是一流的。

与任何组织一样，数字共同体也是从无到有、从小到大、从弱到强的，其不同的发展时期有不同的组成：

（1）婴儿期，差价经济。

（2）青年期，差价经济 + 流量经济。

（3）壮年期，差价经济 + 流量经济 + 共识经济。

成熟的数字共同体是差价经济、流量经济、共识经济的集合体。

（四）企业数字化可从数字共同体走出一条新路

麦肯锡研究报告称，80% 的企业数字化转型都失败了。究其原因，虽然互联网已有 50 多年历史，时至今日，互联网解决消费端问题很在行，比如腾讯、淘宝、抖音等平台经济很发达，都是消费互联网，但互联网解决生产端问题的能力很弱。生产互联网或企业数字化不灵。

深层次看，还是互联网平台经济的商业模型有问题。互联网平台流量是简单流量，对于讲求从众心理的消费端而言是有效的；而对于千业千面、千企千面的生产端而言，数字化讲求一业一策、一企一策，这时这种简单流量就不起作用了。我们看到，在互联网时代，所谓企业数字化，就是只能建一个网站，或者再配一个视频会议。政策对企业数字化的高预期与现实企业找不到数字化灵感，形成强烈反差。这种纠结一直贯穿互联网发展进程至今。

解决企业数字化问题，需要新的商业组织、新的商业逻辑。以共识流量为支撑的数字共同体思维呼之欲出。

顺便说一句，自 2008 年区块链出现以来，企业数字化有一种新思路。企业核心的问题是卖货难、融资难和治理难，特别是激励机制。区块链提供了一种激励机制，给企业数字化找到了一条解决问题的可能性。这就是我们团队一直倡导的链改①。最近，由区块链而延伸出来的 DAO/Web3.0、NFT/ 数字藏品、元宇宙等，正在走热。但是，国外大家忙于发“空气币”和炒加密货币，国内政策严监管，加上区块链技术和商业逻辑还不成熟等，种种因素使区块链赋能实体企业或链改，任重道远。

数字共同体是解决企业数字化问题的可行方案，它有如下思路：共识流量解决企业销售、企业品牌建设、企业无形资产放大、企业上市等问题，使企业数字化插上腾飞翅膀。

数字共同体一经出现，就显出勃勃生机，目前已有很多成功案例。

三、数字共同体的共识流量商业模型架构

（一）平台企业

数字共同体定位于赋能企业、成就个人、创造价值、共享收入

① 朱幼平，陈雷，何超，等.链改：区块链中国思维［M］.北京：中信出版集团，2021.

的公益组织或公益平台。

数字共同体平台企业本身以不营利为目的，按老子《道德经》所言就是“不自生”（见图 5.2）。

道德经 · 第七章

老子（春秋时期）

天长，地久。天地所以能长且久者，以其不自生，故能长生。是以圣人：后其身而身先，外其身而身存。非以其无私邪？故能成其私。

图 5.2　老子《道德经》第七章

不自生的平台，从来不是以自己生存为目的的。因为不自生才可以生万物，像天地自然一样孕育万物，孵化出无数的不自生的企业，使所有的参与者受益。因为不自生所以才可以长生，平台才可以长久。这是数字共同体的核心价值观、核心竞争力、核心生命力。数字共同体因不自生所以长生，这是数字共同体社群人始终不变的初心。

财散人聚，这是一种格局，也是数字共同体能够成功的根本原因。

（二）社群行为

我们认为，只要干就有收入，行为也是数据要素，行为才是社群人最终财富。

我们把社群行为分消费行为、数创行为和思维行为。建立在共识流量基础上的这些社群行为都有超强能力。

社群人 + 组织 + 统一的行为 = 无限经济价值。

1. 消费行为

我们每天都需要吃穿用住行，每天都在消费，这就是消费行为。在传统经济当中，我们每个人的消费行为是有价值的，因为消费创造的利润，使产业链上所有参与者，特别是生产企业，都获得了收益。

比如，社群人赋能的矿泉水企业，在过去的传统经济环境下，面临着销售渠道狭窄，销售压力大，产品虽好但无销售渠道、无竞争优势的问题。在数字共同体统一大市场的赋能下，该企业一夜之间起死回生，产品供不应求，日进斗金。

这样的结果充分说明，一个不景气的企业，一旦转型进入共识流量的生态中，就会成为一个优质、有潜力、快速增长型企业。这些都是因为社群人强大的消费行为所带来的价值爆发。

这只是社群人消费行为的冰山一角而已。只要社群人愿意统一消费任何一种商品，不仅可以带来销量的瞬间爆发，还能立马形成品牌效应。社群人用消费行为创造了巨额的利润，助力了企业的发展，还为企业的上市和证券化创造了条件。

相信在不久的将来，社群人这个统一大市场，会赢得很多知名品牌的青睐。任何企业和商家，也经受不住如此超强共识的消费行为的诱惑，况且还会形成长期的利益绑定。

另外，在传统模式里，消费结束意味着交易的完成，消费创造的财富与消费者无关。而在数字共同体中，消费者所有的消费行为都被记录，还有后续“投资”价值，并可以获得未来的数字生态财富和价值生态财富。

2. 数创行为

互联网经过 20 年的快速发展，成就了无数人，成就了很多独角兽平台以及万亿市值互联网企业。而很多的消费者作为流量的贡献者，得到的价值回报有限。这其中的原因，是某些互联网企业无偿统一了我们的生活习惯和使用行为，变现了我们的行为价值，只是变现的价值和我们无关。

现在，我们形成统一大市场。一旦所有社群人统一了行为，互联网无偿拥有的价值就一定会相应地回馈给社群人。数字共同体完全可以将过去互联网平台曾经做过的事，重新再做一次；不同的是所有行为创造的价值，属于所有社群人共有。

要实现这个目的，只有当共识流量达到一定的强度时才行，所以，一起精心呵护、精心培养，促进数字共同体共识流量的快速理性成长是关键。

数创行为是数字经济时代的创造性集体行为，比如，可以统一打车行为、统一外卖行为、统一使用社交类软件进行通联的行为等，由于共识流量的强大，任何一种行为都可以成就一个行业的崛起。当数字共同体足够庞大时，同类品牌连锁运营，例如酒店、美食等，可以利用超大的共识流量再重新做一遍，而且可以实现赋能不同领域的企业走上市之路，甚至向国际资本领域延伸。

3. 思维行为

人类之所以能成为万物之灵，是因为我们有思维。数字经济时代我们的思维行为，是形成共识流量的源泉。思维行为统一，即明代著名的圣哲王阳明所说的知行合一，是很难做到的一件事情。越是人多，越难统一，因为每个人都有自己的思想。法国作家维克多·雨果（Victor Hugo）在其所著的《悲惨世界》里说："比海洋更宽阔的是天空，比天空更宽阔的是人的心灵。"正是因为难，所以才更有价值，但很多人却不愿意迎难而上。

作为零散的个体，思想不统一，即使结合到一起也创造不了价值。思想不统一就是互联网上的流量经济；思想统一之后才能形成数字共同体的共识流量经济。

互联网时代，为把每个人链接到一起创造了条件，我们享受到链接到一起的便利和自由，但没有享受到链接到一起的价值和财富。而数字共同体探索的就是链接到一起后的思维行为统一，然后共享创造的价值，让财富回报我们自己。

财富实际上是行为产生的，这就是财富的真相。数字共同体创造财富的逻辑是：

（传统）人的消费行为→广告（信息）→渠道（获得）→企业（统一）。

消费者的统一消费行为，一方面满足了消费者的多样化消费需求，另一方面成就了无数的实体企业品牌，增强了企业获取利润的能力。

（互联网）人的数创行为→定向互联网平台→独角兽→万亿互联网平台。

人的数创行为成就了诸如京东、淘宝、唯品会、拼多多、抖音、快手、微信、滴滴、美团、搜狐、网易、新浪、携程、今日头条等。

我们平时的线上或线下购物、社交、支付、出行、打车、住宿、用餐、浏览、阅读、分享、自媒体等，每种数创行为都可以铸就一个互联网独角兽、线下超级连锁。

（金融）人的思维行为→定向媒介→金融产品→金融市场。

人在思想上对事物的认同程度可以转化成金融价值，例如在影响市场交易其他因素不变的情况下，人们对股票、数字资产、玉石、古董、字画的价格预期往往会自我实现，按通俗的说法就是“共识价值”。

统一行为可让财富集中爆发，从而再实现“消费行为→数创行为→思维行为”的循环裂变。人类的行为可创造无限财富。消费行为、数创行为和思维行为，给数字共同体带来多重的财富，形成创造财富的体系。

（三）价值创造与分配模型

数字共同体的价值由产品服务差价、企业股权升值、数字资产收益等构成，得到的价值在社群人中按照贡献进行透明公平的分配（见图 5.3）。

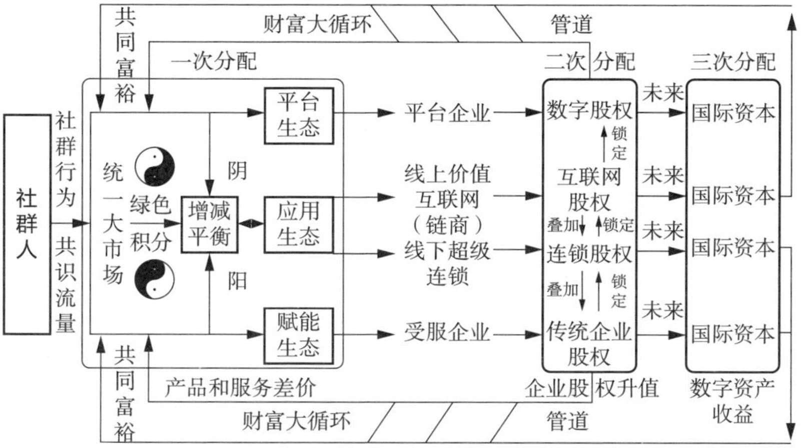

图 5.3　数字共同体的价值创造与分配模型

产品和服务差价：帮助受服企业推销产品和服务赚取差价。由于规模效应可以产生倍数收益；由于共识决策效应可以产生加速度收益。

企业股权升值：数字共同体核心企业和受服企业都会积极寻求上市。上市后企业股权升值变现，是一大项收入。

数字资产收益：遵守中国监管政策，社群人自担风险参与境外数字资产买卖，平台是公益的，不禁止、不鼓励、不参与，也不承担责任。作为平台方，为增强数字共同体的黏性也为数字共同体的长久发展考虑，一方面需严格按照国家政策规定执行，不踩政策红线；同时，时刻跟踪监管政策变化，最大限度地为社群人谋便利、谋福利。最近国内数字藏品火爆，可密切关注。除数字资产外，其他可交易资产，平台也可按照监管政策要求，合法拓宽经营范畴，增强数字共同体盈利水平。

通过社群人行为产生共识流量，实现统一大市场营销，打造线上、线下一体链商，赋能实体企业，提升平台企业自身价值，创造数字共同体的产品服务差价、企业股权升值、数字资产收益等，通过绿色积分加持，通过一次分配、二次分配、三次分配，回馈给各种社群人，循环，实现价值共享和共同富裕。

行为即收入。在数字经济时代，数字共同体社群人的消费行为、数创行为、思维行为，产生共识流量，导致规模效应和英明决策，促进资源优化配置，从而创造价值、创造财富，并能公开公平地共享财富。我们把这个思维逻辑叫作社群行为经济学。

从互联网平台到数字共同体，从盲从流量到共识流量，从消费互联网到生产互联网，从注意力经济学到社群行为经济学，这是数字化和数字经济发展的必然趋势。

（四）运营体系

任何商业都会有一个运营体系。数字共同体作为新集体经济形态，按照道法自然、五行相生相克的原理，设计世界上独一无二的运营体系。数字共同体运营体系是以全体社群人为核心，以共创、共识、共治、共享、公平、公正、公开、透明为原则，营造去中心化的商业机制，五大体系相互协调运转（见图 5.4）。

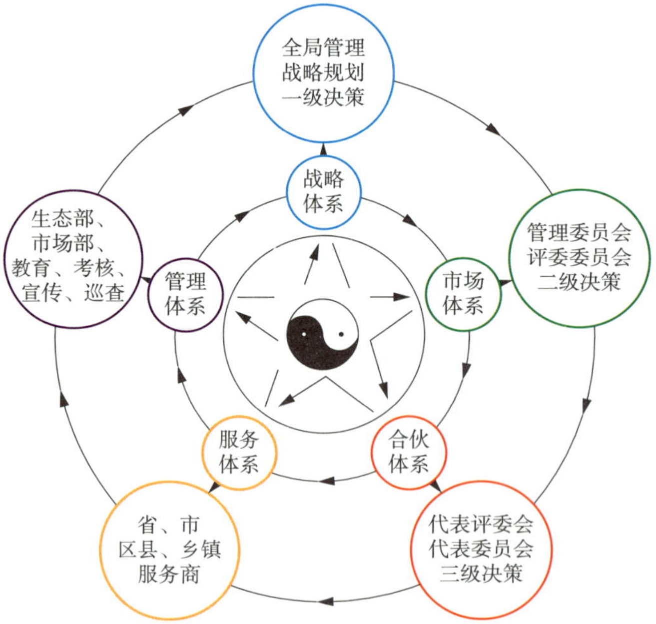

图 5.4　数字共同体五行去中心化运营平台

（1）水主智慧，战略体系由全局管理、战略规划、一级决策组成。

（2）木主生发，市场体系由管理委员会、评委委员会、二级决策组成。

（3）火主激情，合伙体系由代表评委会、代表委员会、三级决策组成。

（4）土主运化，服务体系由全国各省、市、区县、乡镇服务商组成。

（5）金主收敛，管理体系由生态部、市场部、教育、考核、宣传、巡查组成。

平台的五个体系相互监督、相互制约、相互融合、紧密配合，形成生生不息的运营体系。

数字共同体是不是一定要区块链做技术底层？不一定。只是用区块链，不用太多成本，就能把绿色积分有序管理起来。因为绿色积分是数字资产，需要确权和封装。有些激励比如盲盒，用区块链防篡改功能，就能做起来。事先不知道盲盒有啥，但封装在区块链上，事后打开，有惊喜，中间无人能调包。

关于数字共同体建设，权威机构、专家的作用是很重要的，一方面规范行为，一方面凝聚共识，还一方面创新引领。另外标准也很重要，标准建设是一个过程。其作用一方面规范数字共同体发展，另一方面引导创新。

（五）数字共同体有利于共同富裕

数字共同体是集体经济。集体经济财富所有权，归集体所有，成就所有人（见图 5.5）。

过去：个体经济，产品销售依靠企业品牌，单打独斗，财富归个人；互联网平台有统一行为，但财富集中在股东和企业家手里。

现在：集体经济，统一共识，统一行为，数字共同体用共识流量创造财富，社群人共同分享财富，实现共同富裕。

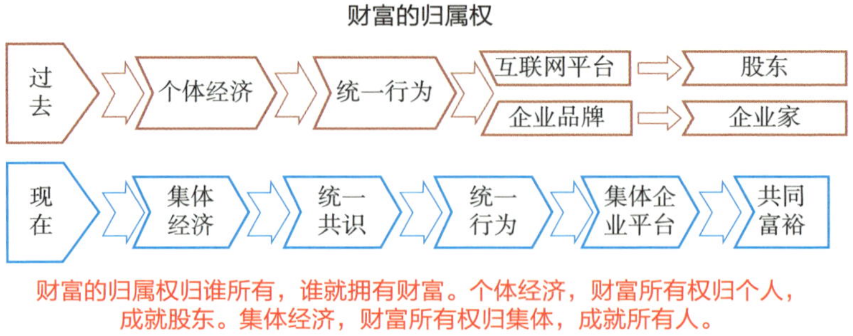

图 5.5　数字共同体财富归社群人共有

数字共同体不仅是卖货的，而且是成就人的，还是帮助人把行为进行价值变现的。只要是人就一定有行为，有了数字共同体，行为即收入，我们的日常行为就是我们人生最大的资本，就是收入的保障。

数字共同体到底是什么？利用绿色积分，让人的行为变成收入，推动财富叠加，实现共同富裕。

数字共同体通过社群行为统一，贡献每个人的消费行为、数创行为、思维行为。消费行为挣差价、数创行为挣倍数、思维行为挣加速度，形成绿色积分价值叠加，从而统一大市场，完成生态搭建，融合产业，绑定实体，共享数字共同体经济的巨大财富效应。

每一种行为都基于共识的力量而产生巨大的价值，每一种行为都会因此聚合成为经济效应。因为有了数字共同体，行为不再碎片化，社群人的一举一动一言一行皆是财富喷涌的源泉；社群人创造的价值不再被无偿占有，而是为社群人共有。

数字共同体的模式是长期主义的闭环商业逻辑。

第六章

绿色积分与财富共享机器

一、改革开放以来中国数轮财富浪潮

中国改革开放始于 1978 年党的十一届三中全会。经过 40 多年的改革开放，中国经济发展取得了前无古人、举世瞩目的巨大成就。截至 2021 年底，中国经济总量已跃居仅次于美国的第二位，GDP 是美国的 80% 左右，人均 GDP 也达到 1.26 万美元左右，已进入中等收入国家行列。

中国经历了从计划经济到市场经济的过程，实践中也是摸着石头过河。早期主要在农村推行以家庭联产承包责任制为主的改革，以及对部分工业企业实行扩大经营自主权的改革，后来实施了以城市为中心的全面体制改革。中国建立了深圳特区，开放了沿海城市。中国引进了外资，发展了民营经济。1997 年香港回归，1999 年澳门回归。中国 2001 年加入世界贸易组织（WTO）。2012 年党的十八大以来，中国继续深化改革、扩大开放。党的十八届三中全会提出了市场在资源配置中起决定性作用和更好地发挥政府作用的经济体制改革目标任务。我们坚持推动共建“一带一路”高质量发展，构建面向全球的高标准自由贸易区网络，建设自由贸易试验区和海南自由贸易港。国家治理体系和治理能力现代化水平不断提高。

“一部分地区、一部分人可以先富起来，带动和帮助其他地区、其他的人，逐步达到共同富裕。”

改革开放以后，大家在致富的道路上奔跑，涌现出一波又一波的财富浪潮：从事个体经营活动→投资股票→投资房地产→直销→并购重组→互联网→平台经济→数字经济。

（一）个体经济

个体经济是 1978 年先期出现在广东及沿海地区的第一波财富浪潮。1980 年 8 月，中共中央颁布《关于转发全国劳动就业会议文件的通知》。1982 年 12 月，五届人大第五次会议把发展和保护个人经济写入《宪法》。1987 年 8 月，《城乡个体工商户管理暂行条例》发布，提供了基本政策和法规依据。

（二）股票

股票是 1986 年先期出现在深圳的第二波财富浪潮。当股票试运行了 7 年，已经成为中国经济发展的重要组成部分时，中国政府 1993 年出台了《中华人民共和国证券法》《中华人民共和国公司法》《中华人民共和国审计法》等，对股票市场进行了规范和立法。

（三）房地产

房地产是 1988 年先期出现在海南和北海的第三波经济浪潮，早期利润高达一二百倍。当房地产经济试运行 6 年有了一定规模，且已成为中国经济发展的“中流砥柱”时，中国政府在 1994 年出台了《中华人民共和国城市房地产管理法》等，对房地产市场进行了规范和立法。

（四）直销

20 世纪 90 年代末，中国市场潜力开始释放，人们生活水平提高，消费观念转变，追求品质生活，需求转变，保险、美容、保健行业蓬勃发展，催生了直销经济。

（五）并购重组

并购重组就是 1998 年先期出现在广西的第五波财富浪潮，早期利润有近 1 000 倍，目前还在做试运行，属于初级阶段。2010 年 08 月 28 日，《国务院关于促进企业兼并重组的意见》出台。2014 年 3 月 7 日，国务院印发《关于进一步优化企业兼并重组市场环境的意见》。这些政策为鼓励企业兼并重组、优化资源配置、改善产业结构、推进质量经济发展提供了强有力的支持。

（六）互联网

互联网是 1990 年先期出现在北京中关村的第四波财富浪潮，早期利润达到二三百倍。当初陈天桥是以 50 万元踏入互联网领域，几年后资产迅速扩张到过亿元；阿里巴巴的前总裁马云当初和十几个同学在杭州以十几万元起家，也在几年后资产过亿元。早期代表人物有陈天桥、马化腾、马云、丁磊等。《中华人民共和国电子商务法》于 2019 年 1 月 1 日正式实施，对“电子商务”市场进行了规范和立法。

（七）平台经济

中国平台经济真正意义上的发展是从 2008 年开始的。可以把 2008—2015 年称作平台经济的爆发式增长阶段，以大众创业、万众创新为主；2015—2019 年，进入竞争加剧，风险有所累积的阶段，以并购与重组为特征；从 2020 年开始，尤其 2021 年，进入全面整顿治理阶段，平台经济遇到一些问题，比如金融风险、潜在的垄断问题，以及一些涉及国家安全的数据安全问题。近年来国内的平台经济取得了更加高速的增长。社交电商、直播电商、跨境电商等迅猛增长，微商、自媒体、网红各领风骚。

微商经济。随着互联网到移动互联网的进化，社交网络空前发达，在这些社交软件、工具的带动下，微商以一种崭新的形式出现在人们面前。它是一种新兴的基于微信生态的社会化分销，与电商相比，微商成本低、辐射面广、时间自由，其低门槛也让更多的人拥有了创业的可能，其间也创造了不少的传奇，如月入过万的“80后”妈妈、依靠微商壮大的思埠集团。

自媒体经济。继微商之后，我们迎来了自媒体时代，微博、公众号、移动新闻端……各大自媒体遍地开花，只要能创造知识、传播知识、分享知识便可打造自身 IP，成为微博大 V、自媒体大 V，创造财富。比如 2013 年罗辑思维、和菜头等第一批进场的时候，自媒体是一片蓝海，罗辑思维曾创下 700 多万订阅用户，13.2 亿元估值的传奇；2014 年财经网红吴晓波开了吴晓波频道，抢占财经自媒体领域，也有 200 多万订阅用户。

网红经济。网红经济其实是自媒体经济的变形，只是与自媒体经济不同，自媒体经济本质上是知识经济，是有知识、有见解人士的一次崛起机遇，网红更为普惠，是“草根逆袭”，特别是今天网络短视频、直播几乎没有门槛，只要你有足够的创意，就能收获大量的粉丝，粉丝量就是变现的前提条件。

另外，与传统的销售人员、经销商、微商不同，网红通过设计自身形象标签，以自己的品位和眼光为主导，进行选款和视觉推广，在社交媒体上聚集人气，然后依托庞大的粉丝群体进行定向营销。

（八）数字经济

前 7 次财富浪潮，成就了很多中国人。继一轮一轮财富浪潮后，如今数字化是新的财富机会，也是能够让大众参与红利分配的机会，是共同富裕的机会。

数字经济从数据要素开始，以区块链和元宇宙等新数字技术为依托，以数字藏品和绿色积分等数字资产为媒介，以企业数字化和数字共同体等组织为架构，从资产变革到造富方式变革再到生产关系变革，真正解放大众的消费能力，激活创新和质量经济发展，使广大消费者（劳动者）公平地参与社会财富分配，从而实现共同富裕。

二、现有企业各种激励机制的利弊

实际上我们看到，公司治理不断深化，其激励机制不断健全。公司股东从投资人扩大到管理层和技术人员，再扩大到普通员工，最后惠及上市公司的普通投资者。但受公司组织局限，这个治理机制并没有充分发挥作用，也在不断地完善。

（一）管理层持股：期权和技术入股

股份制公司这一企业组织形式最早诞生于西方，随后在全球范围内获得了发展，如今越来越多的企业采用股份制形式进行组建，所有权与控制权分离成了现代股份制企业的标准组织架构范式。为了对管理人员建立长效激励机制，很多公司实施股权激励来提高管理层的主动性，期权是常见的一种形式。在企业的管理过程中，股东作为所有者拥有的是物质资本，而管理者所具备的就是人力资本。人力资本不仅包括管理层，也包括企业的核心技术层。技术入股是一种常见的手段。

两权分离、管理层持股，一般来说，有利于提高企业经营管理的专业化水平，促进资源配置效率的提升，但在实践效果上，高管持股对于改善企业的经营绩效并不是绝对的。比如，如何妥善处理委托代理的难题。

（二）员工持股

员工持股制度作为完善公司治理结构、增强员工的劳动积极性和企业的凝聚力的一种手段，近来越来越受到企业界的关注。实行员工持股，使职工不仅有按劳分配获取劳动报酬的权利，还能获得资本增值所带来的利益，对于加强职工的主人公意识、留住公司骨干人才也具有十分重要的意义。在中国企业进行股份制改造，建立现代公司制度的改革过程中，员工持股还能有效地弥补投资主体缺位所带来的监督弱化、内部人控制严重等问题。

实施员工持股计划的企业也多数处于探索阶段。能否结合中国国情、中国企业文化特点，制定出符合中国中小型民营企业的员工持股计划就显得极为关键，尤其是随着中小型企业的急剧增加，高新技术企业的快速发展，如何留住人才显得极为关键。如果照搬国外的经验，不仅存在极大的法律风险，而且容易造成水土不服，使企业陷入困境。

（三）上市

上市即首次公开募股（Initial Public Offerings，IPO），指企业通过证券交易所，首次公开向投资者发行股票，以期募集用于企业发展资金的过程。

企业上市可以改善其财务状况、利用股票来收购其他公司、利用股票激励员工、提高公司声望等。但企业上市后也有一些风险。不上市未必是坏事。比如，中国优质的企业如华为、老干妈等就没上市。

投资股市是社会大众增加财产性收入的一个选项。但实际运行中，能在股市里赚到钱并不容易。

三、政策鼓励和支持的绿色积分

为了刺激消费稳增长，也为了“双碳”绿色发展，国家政策大力提倡和支持绿色积分。国家不仅允许绿色积分，还提出通过一定的经济补偿机制来增加政策吸引力。

实际上，早在2016年，国家发展改革委等部门就在《关于促进绿色消费的指导意见》中首次提出“研究建立绿色消费积分制”。

2022年2月，国家发展改革委、工业和信息化部、商务部等七部局联合印发《促进绿色消费实施方案》，绿色消费积分制度再次被明确提出。

《促进绿色消费实施方案》指出，探索实施全国绿色消费积分制度，鼓励地方结合实际建立本地绿色消费积分制度，以兑换商品、折扣优惠等方式鼓励绿色消费。鼓励各类销售平台制定绿色低碳产品消费激励办法，通过发放绿色消费券、绿色积分、直接补贴、降价降息等方式激励绿色消费。鼓励行业协会、平台企业、制造企业、流通企业等共同发起绿色消费行动计划，推出更丰富的绿色低碳产品和绿色消费场景。鼓励市场主体通过以旧换新、抵押金等方式回收废旧物品。

某科技园积极响应政府号召，开展文明积分兑换活动，主动承担了企业的社会责任，为村民提供新鲜瓜果蔬菜兑换业务，尤其在新冠肺炎疫情期间，用尽一切可行的办法向市区输送物资，并对接各大商超级市场，确保供给相对正常，坚决守好民众的“菜篮子”。

某电商平台上，消费者在消费的同时可以得到绿色积分，消费者在消费的同时也可以赚钱，并且消费市场也是未来的财富蓝海市场。

在其2022年“618”购物节上，京东宣布联合品牌商家推出“青绿计划”，将遴选近百万种优质绿色商品打上“绿色”标签，消费者不仅可以享受到更多优惠福利，而且还可通过积分兑换商品或参与互动。

除了鼓励消费用绿色积分外，还有：聚焦绿色积分，发展循环经济的聚合赋能系统；研究制定路权开放、减排补助、使用优惠等差异化的绿色积分激励政策，同时严格限制高排放车辆使用；开通“绿色通道”解决积分落户子女入学；绿色积分引领垃圾分类新时尚；绿色积分在西藏兴起“低碳风”；上海绿色账户里开设绿色积分、绿色积分支票及绿色账户卡的功能；《新民晚报》数字报设绿色积分光荣榜；浙江绿色电力积分亮相，企业居民均可购买积分参与绿色电力消费；国网浙江省电力有限公司台州供电公司发布的全省首个专列绿电积分被广大乘客争相购买；安庆市全民植树为城市发展存储绿色积分……

绿色积分政策为数字共同体绿色积分激励机制提供了重要依据。

四、数字共同体的财富分享方案

中国实施的是“让一部分地区、一部分人先富，先富带动后富，最后实现共同富裕”的政策。有一句话讲得很到位：让人民群众享受更多改革红利。上半场先富问题解决得不错，下半场重点是先富带动后富问题。

如何从组织角度实现共同富裕，是一个迫切需要解决的课题。对此我们提出了数字共同体解决方案。绿色积分制度可以用来做激励机制。

（一）行为人角色及绿色积分激励机制

一般数字共同体由一个核心企业（一个企业发起，或几家企业联合发起但有一个轮值主席）、会员、上游供应者、下游消费者、受服企业、环境资源方等组成，在数字共同体里都统一成了行为人。

企业投资人：核心企业的出资人，拥有企业股权。

企业管理层：企业和数字共同体经营管理者。

企业员工：企业工作人员，也是数字共同体的工作人员。

会员：参与数字共同体工作。

上游供应者：数字共同体原材料和相应资源支持者。

下游消费者：数字共同体产品服务的购买者，有可能是企业和个人。

受服企业：接受数字共同体的营销、融资、治理等服务。

环境资源方：行业组织，资金、技术、人力资源等支持者，监管部门。

数字共同体中，所有行为人都是所有者，都参与数字共同体的利润分红和利益共享。

通过创设购物型、分红型、换股型三种绿色积分，对数字共同体不同行为人贡献进行奖励（见图 6.1）。

图 6.1　数字共同体的三种绿色积分设计

购物型绿色积分：可以兑换数字共同体内部的产品和服务。

分红型绿色积分：可以分享数字共同体利润分红。

换股型绿色积分：可以兑换公司股权。

这三种绿色积分是有级别的，分红型绿色积分比购物型绿色积分级别要高，换股型绿色积分比分红型绿色积分要高。积分可以降级使用，分红型绿色积分可以降级为购物型绿色积分使用；换股型绿色积分可以降级为分红型绿色积分使用，还可继续降级为购物型绿色积分使用。绿色积分可设计为无记名形式，平台企业不操作绿色积分流通和转让。

设置数字共同体激励机制的具体步骤是：

第一步，企业股权设置。投资人出资设立企业。早期的投资人可能同时也是管理层。之后，可以通过专利技术入股等方式，吸收企业管理层和业务专家进入股东范畴。

第二步，数字共同体绿色积分设置。根据需要可设置购物型绿色积分、分红型绿色积分和换股型绿色积分。绿色积分是现金奖励的二次奖励加速器。鼓励企业全员持有；以奖励的方式，发展非企业职工的会员；开拓资源和产品供应者；以奖励的方式，发展消费者；将绿色积分作为工具，为受服务企业提供支持。

第三步，积极谋求数字共同体核心企业上市，启动换股型绿色积分换股工作，在资本市场实现投资收益。

第四步，数字共同体内孵化企业上市，相应的换股型绿色积分也可通过换股，在资本市场实现投资收益。

以上设计（见图 6.2）是数字共同体的通用模式，具体商业模型可以此为基础，根据自己的实际情况，进行有针对性的合理设计。

我们说，数字共同体既是财富创造机器，也是财富分享机器。数字共同体内众多角色，在绿色积分面前人人平等，都能从购物型、分红型、换股型三种绿色积分中，各取所需，获取收益。数字共同体是实现共同富裕的可行解决方案。

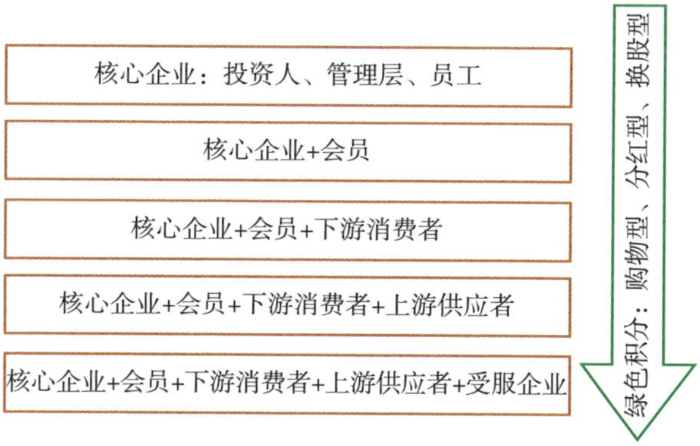

图 6.2　数字共同体角色及绿色积分

（二）区块链记账使绿色积分激励方案落地

我们团队提出的绿色积分，符合国家政策。国家为了鼓励消费，也为了“双碳”，提出绿色积分。绿色积分是数字化业务，属于绿色的。

我们团队设计的是绿色积分的提货权、变现权，考虑到了绿色积分具有的商品属性，是有鼓励消费功能的。我们团队也设计了绿色积分的分红权、换股权，而且提出：公司上市后，绿色积分换股，在资本市场交易。这也是考虑了国情和合规要求。绿色积分能不能在公开市场上交易、在二级市场上交易，是一个值得探索的难题。海南三亚国际资产交易中心曾试图做积分交易，最终也没能运营。

实际上，数字共同体还可以借鉴境外NFT的方式来作激励机制。这也是新的创意。中国已有众多权威机构在一级市场做数字藏品，不敢涉足二级市场。数字藏品是否有前途，还要取决于未来政策对于它的定性。

数字共同体的绿色积分激励方案，本来是无法落地的。但现在有了互联网，特别是有了区块链，有了数字化的记账、共识、智能合约等技术，绿色积分记账在区块链上，将数字共同体打造成为一个信用平台和价值平台，再加上社群行为的推动，这个方案就能落地了。

绿色积分可以是提货权，可以是变现权，也可以是分红权，还可以是变股权。不同的商业模式有不同的设计。激励机制简化了，简化就意味着效率提高、财富增值，还能做到客观公正、公开透明。

采用区块链记账开展数字共同体，必须坚持守正创新原则，必须有效防范非法集资、传销、洗钱、逃税等不法行为。

非法集资：根据《防范和处置非法集资条例》，非法集资指未经国务院金融管理部门依法许可或者违反国家金融管理规定，以许诺还本付息或者给予其他投资回报等方式，向不特定对象吸收资金的行为。《最高人民法院关于审理非法集资刑事案件具体应用法律若干问题的解释》（法释〔2010〕18号）规定。非法吸收或变相吸收公众存款应当追究刑事责任。

传销指组织者或者经营者发展人员，通过对被发展人员以直接或者间接发展的人员数量或者销售业绩为依据计算和给付报酬，或者要求被发展人员以交纳一定费用为条件取得加入资格等方式牟取非法经济利益，扰乱经济秩序，影响社会稳定的行为。1998 年 4 月 21 日，全面禁止传销。2017 年 8 月，教育部、公安部等四部门印发通知，要求严厉打击、依法取缔传销组织，通知强调，对打着“创业、就业”的幌子，以“招聘”“介绍工作”为名，诱骗求职人员参加的各类传销组织，依法取缔。

洗钱指将犯罪或其他非法违法行为所获得的违法收入，通过各种手段掩饰、隐瞒、转化，使其在形式上合法化的行为。《刑法》第一百九十一条规定，洗钱罪是指明知是毒品犯罪、黑社会性质的组织犯罪、恐怖活动犯罪、走私犯罪、贪污贿赂犯罪、破坏金融管理秩序犯罪、金融诈骗犯罪的所得及其产生的收益，为掩饰、隐瞒其来源和性质，而提供资金账户，协助将资金转换为现金、金融票据、有价证券，通过转账或者其他结算方式协助资金转移，协助将资金汇往境外，或者以其他方法掩饰、隐瞒犯罪所得及其收益的来源和性质的行为。

逃税指纳税人违反税法规定不缴或少缴税款的非法行为。

区块链是公开透明、不可篡改的技术，真实的身份认定、行为数据的溯源与不可篡改、链上数据可直接用于“呈堂证供”，是非法集资、传销、洗钱、逃税等行为的天敌。由于所有人的行为数据都记录在链，不可篡改，也就不可能有人敢于搞非法集资、洗钱、逃税。数字共同体的伟大理想是可以通过区块链技术实现的。

（三）换股型绿色积分要符合国家政策法规的要求

根据《公司法》第七十一条的规定，有限责任公司的股东之间可以相互转让其全部或者部分股权。

股东向股东以外的人转让股权，应当经其他股东过半数同意。股东应就其股权转让事项书面通知其他股东征求同意，其他股东自接到书面通知之日起满 30 日未答复的，视为同意转让。其他股东半数以上不同意转让的，不同意的股东应当购买该拟转让的股权；不购买的，视为同意转让。

有限责任公司股东人数限制为，最高人数为 50 个人以下，没有最低人数的限制。也就是说，有限责任公司股东最多不能超过 50 人，最少人数没有限制，只有一个股东也是可以设立有限责任公司的。一个股东出资设立的股东属于一人有限责任公司。

绿色积分只是记账，并不是股权。换股型绿色积分按法规规定操作，可按以下步骤：

一般企业都是有限责任公司，股东人数在 50 人以下，即使通过改制，改为股份有限公司，股东人数也不超过 200 人，而数字共同体人数众多，大大超过 50 人和 200 人。怎么办呢？如果要让换股型绿色积分发挥作用，就必须启动企业上市工作。对标数字共同体核心企业的换股型绿色积分，就启动核心企业上市；对标数字共同体受服企业的换股型绿色积分，就启动受服企业的上市。在上市过程中，经过股东会表决，完成换股型绿色积分的转股工作。

如果上市不成功或股东会表决未通过，换股型绿色积分可退行为购物型绿色积分或分红型绿色积分。

（四）正确把控虚拟货币的监管红线

2022 年 4 月 13 日，北京仲裁委判决一起发生在 2019 年的委托管理比特币纠纷案件，北京仲裁委判决委托合同有效。北京仲裁委的裁定符合《关于进一步防范和处置虚拟货币交易炒作风险的通知》的要求。

北京仲裁委认为，该案合同属于自然人之间一方委托另一方管理虚拟货币，双方属于委托合同关系，即申请人为委托人，被申请人是受托人，双方约定由受托人为委托人管理虚拟货币。该案合同并非上述文件所明确禁止的非法金融活动和代币发行融资活动，不适用上述规定。故此，该案合同并未违反上述规定，不存在违背公序良俗的情形。

虚拟货币相关业务涉嫌非法金融活动的，才应当受到管制，而并非全部业务。委托购买并保管比特币的行为，并不涉嫌非法金融活动。

对于比特币等虚拟货币委托购买并保管的合同纠纷判决，中国各地法院、仲裁委判决不一。例如 2021 年 12 月，北京法院认定比特币“挖矿”代理合同无效案。朝阳法院经审理认为，虚拟货币生产、交易环节衍生的虚假资产风险、经营失败风险、投资炒作风险等多重风险突出，有损社会公共利益。

我们认为，发行代币、开办交易平台、挖矿是明令禁止的，相应地，为这些做支撑的支付结算、代理销售宣传等也就有连带责任。非法行为还包括打着虚拟货币投资的旗号，进行更隐蔽的非法集资，非法吸收公众存款的实质活动，或者利用虚拟货币进行洗钱，在暗网进行非法交易，等等。而公民自担风险买卖虚拟货币，政策没有禁止，但也不保护。

五、消费者变股东，享受红利分配

为什么会出现贫富差距问题？原因之一是在一波又一波财富浪潮中，广大消费者和广大劳动者并没有同步享受到公司红利。广大消费者也是广大劳动者。

数字共同体改变了企业产权和资产格局，从投资者，扩大到经营者（例如，期权），再到技术专家（技术入股），再到劳动者（全员持股），再到消费者，直到所有贡献者都享有所得权益。

实际上，随着公司的治理机制不断深化，其激励机制也处在不断完善的过程中。最初公司是投资人的，只有投资人或资方有权分红。后来，公司为鼓励经营层和核心技术层，提出了“期权”和“技术入股”的方式，经理层和技术层被纳入股东范畴，参与公司分红。再后来，“全员持股”被提出来，公司的普通员工，也参与到股东名单，也有机会参与公司分红。公司有条件办成上市公司，公司股份进一步社会化，广大股民也有机会拥有公司股票，成为公司股东，参与公司分红。

这里，最有特色的是将消费者纳入股东、参与分红。之前，经理人享有“期权”、技术专家“技术入股”，屡见不鲜，甚至全员持股也曾试验过，但还没有消费者纳入股东的做法。

实际上，消费者通过购买公司产品和服务，为公司回笼资金，是公司成长壮大和资产扩大的重要贡献者。时下，在产能过剩和买方市场的局面下，消费者贡献是第一位的。消费者变股东，理论上完全成立。

这里有两个概念值得重点关注：

一是消费分红。

消费者参与到商家的利润收益分配环节，由普通的消费者身份变为分红股东身份，从而提升消费者在服务和消费领域中的地位，加强消费者的既得利益。消费分红，对商家和服务机构而言，是一种新型的快速提升人气、快速拉动消费、快速建立客户资料、快速整合优势资源的全新营销形式。消费分红，给商家和服务机构提供了一种快速提升公司业绩的契机，同时给予消费者丰厚的投资回报。两者相辅相成、相得益彰。

消费分红是人类社会发展到数字化阶段的革命性产物。单个的人是无序的，因此力量有限，而消费分红把网络上无序的人的力量凝聚起来，将会形成一股所向披靡的力量。大家可以想象一下，网上每个人的行为（如用哪个网站看电影，使用哪个软件）都会影响到自己的投资收益时，他会顺着有利自己的方向去做。当所有人都这样做时，将会产生强大的力量。当然，最大的受益者还是消费者。这就是数字共同体的共识思维、社群行为思维。

二是消费投资。

陈渝教授在《消费资本论》中提出消费投资概念。其核心思想是：消费者在购买企业的商品时，企业应把消费者的采购视同是对本企业的投资，并按一定的时间间隔把企业的利润按一定比例分配给消费者。这意味着消费者把消费变成了投资。消费资本化理论在实践中应用的最基本形式是“消费者投资”，即生产者将单位销售收入的一定比例注入为消费者在本企业开设的个人投资账户，然后根据企业的盈利状况，将个人投资账户的累计额和企业利润的一定比例，按一定的时间间隔分期返还给消费者，使消费者参与企业投资、分享企业发展成果，从而达到吸引消费者，实现消费资本化的目的。此时，消费者的购买行为，已经不再是单纯地为了获取商品，同时变成了一种储蓄行为和参与企业生产的投资行为，这就可以在一定程度上消除买卖双方的对立，化解消费者和生产者之间的根本矛盾。

消费变股东模式是一种生产经营与消费的融合，可以提高企业的经营效率，降低投资风险，在一定程度上避免投资人血本无归的情况。同时，消费变股东有利于提升产品的情感属性，一方面帮助投资人实现消费品质的升级；另一方面满足消费者的“股东感”和优越感，使其得到精神层面的回报。

消费分红和消费投资这些设想，之前由于缺乏信用机制，无法客观公平地记账，因而也就无法实行。现在不同了，有了区块链技术，有了不可篡改的客观公平记账，消费返利概念（打折返利及团购）、消费分红概念、消费投资等，各种激励方式可以分别用购物型、分红型、换股型绿色积分落地实现。比如，购物型绿色积分可以用于消费返利，分红型绿色积分可以用于消费分红，换股型绿色积分可以用于消费投资。

第七章

统一大市场与链商超越网商

一、统一大市场是中国进一步深化改革的重大举措

随着改革深入，中国迎来了建设全国统一大市场的契机。2022年4月10日，《中共中央　国务院关于加快建设全国统一大市场的意见》发布，意见明确提出，加快建立全国统一的市场制度规则，打破地方保护和市场分割，打通制约经济循环的关键堵点，促进商品要素资源在更大范围内畅通流动，加快建设高效规范、公平竞争、充分开放的全国统一大市场，全面推动中国市场由大到强转变，为建设高标准市场体系、构建高水平社会主义市场经济体制提供坚强支撑。

二、数字共同体的电商应用生态是统一大市场的落地应用

电商是全国统一大市场的一个有机组成部分。随着经济规模的不断攀升，中国逐步形成纵深广阔的强大国内市场。市场主体茁壮成长，截至2022年6月，总量超过1.5亿户，其中企业4 000多万户，发展活力竞相迸发。社会消费品零售总额达44万亿元，即将成为全球最大的消费市场；全国网络零售额超过13万亿元，是全球最大的网络零售市场。电商力量一直在为全国统一大市场添砖加瓦。电商助力全国统一大市场，正在使越来越多的领域成为可能。

数字共同体电商应用生态包括线上价值互联网与线下超级连锁（见图7.1）。

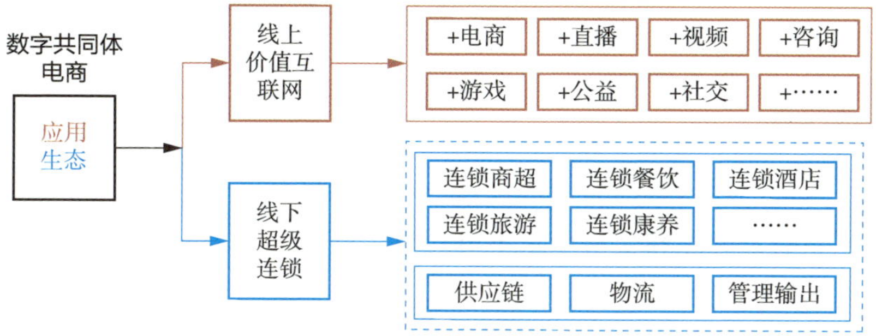

图 7.1　数字共同体的电商商业架构

线上价值互联网将以电商平台为开端，逐步打造出价值互联网的 + 电商、+ 直播、+ 视频、+ 游戏、+ 社交、+ 公益等，并实现平台数字化资产存储、流转和经营的创富平台。一方面，统一推广者、使用者行为，从而使社群行为和共识流量链商爆发出超强能量；另一方面，社群人作出贡献均可获得链商应用生态的行为贡献奖励。

线下超级连锁通过数据管理平台，搭建数据共建的共享经济平台，赋能各品类商家，包括连锁商超、连锁餐饮、连锁酒店、连锁旅游、连锁大健康……利益由生态各方共享。未来，这个平台生态不仅能为超级连锁提供大规模的商家资源和渠道资源，还能通过数据整合与运用，构建起相应的供应链体系，甚至引入有牌照的金融机构，打造供应链金融体系，其财富价值不可低估。

三、数字共同体电商可用链商逻辑构建

我们把电子商务从网商升级为链商，网商是电商 1.0，链商是电商 2.0。实际上我们把互联网电子商务叫网商，它是电商 1.0；把区块链电子商务叫链商，它是电商 2.0。网商代表有淘宝、京东、拼多多；链商正在路途，它具有强大的生命力。

数字共同体采用的是链商模式，响应和践行了统一大市场部署。数字共同体链商的改进在于：

一是链商是真货市场。

淘宝、京东、拼多多、抖音等网商，很成功地打败了线下实体店，因为它更有效率。但是，网商有个致命的问题，就是如何杜绝假货的问题，好坏产品让人很难分清。网商解决这个问题靠刷钻评价，但是，刷钻最终演化为花钱买钻，逻辑不成立。链商解决假货问题靠的是溯源和交易记录不可篡改。链商是真货市场。这个逻辑是闭环的。

为什么在淘宝“让大家无商可务”的情况下，却在“血路”上杀出了一个拼多多？因为拼多多干脆就做细分市场，中国月收入不足 1 000 元的有 6 亿人之多，便宜可以用也大有市场。拼多多因此成功。

我们提出的链商，迎合消费升级趋势，坚持好货思维，好货才能出名品。时间长了，那些好的货供应商就不满意网商良莠不齐的购物环境了，最后都会跑到链商阵营里。高大上产品为何要与地摊货为伍呢？消费者也如此，也会从网商跑到链商阵营，因为想买好的商品就得找好的商家。从另一个角度看，嘴上说了没用，有无真本领一试便知，能够在链商平台销售的产品是需要一点自信的。这样，链商比网商更能引领产品和服务优化迭代，进而延伸到生产领域，更能引领资源优化配置。链商是质量经济的标配，其逻辑强大必然生意兴隆。

二是无形产品交易有效性。

链商还有一个强大的逻辑是网商所不具备的。一是它可以交易无形资产或虚拟产品服务。因为区块链能够确权、封装、存证、溯源等，对无形或虚拟的价值类型的交易有很好的支撑，互联网就没这个能力，所以淘宝、京东、拼多多只能卖有形规范产品，而像数字版权、产权、股权、专利、软件、创意类产品等，在链商平台则很有效。

三是没有中间商赚差价。

区块链有去中介的特点，链商缩短中间环节，从生产到消费一步到位，没有中间商赚差价。一副眼镜，生产成本也就十几元，最终到消费者手里，可能已经是 1 000 元了。中间环节利润太高。这种中间环节不是提高无形资产，完全是多余的。类似的炒地皮、“套娃”式所谓金融创新如次贷等，都属于这类。中间环节来源于信息不对称，所谓买的没有卖的精，互联网做不到去中介。只有区块链才能破除不对称，才能去中介，才能一步到位。去中介把利润留给生产者和消费者，可大大提高经济效率，从而产生资源优化配置。

四是消费者也是投资者。

区块链有强大的生态效应，相比互联网消费者生态，有着本质区别。在链商消费者买东西，同时可以获得记账绿色积分奖励，是双激励。互联网网商及实体店时代，把消费者当“衣食父母”，对其服务再好，也是客人。在区块链链商时代，我们把消费者当家人。消费者也是投资者，投资者就是家人。对于实体店和网商，消费者与商家是博弈关系；而对于链商，消费者和商家是合作关系。消费者因为希望所持有的绿色积分值钱，会给商家及其产品当义务宣传员。这样口口相传的口碑力量是巨大的，而且免费就能实现。这也是网商所不具备、只有链商才具有的超强能力。链商打败网商是早晚的事。

人类历史上几千年的消费活动逻辑是，商家提供给消费者的是产品或服务等“消耗品”（不断减值），而消费者提供给商家的是能够让商家提升生产力的资金。依靠这些资金商家有可能未来在资本市场上获得超值收益（资本收益），而这些收益和消费者没有任何关系。消费者的消费行为同时也是投资行为，消费者在获得产品或服务的同时，应该获得代表其生产力贡献度的积分，而这些积分是和商家股权挂钩的（例如，积分总量估值在占股权的 10% ~ 50% 的区间浮动）。在未来商家进入资本市场的时候，如果这些积分（通过计算）对商家发展贡献度小，可能所有积分仅占商家 10% 的股权；而如果积分对商家发展贡献大，则可能占商家 50% 的股权。最终商家进入资本市场的收益，就会合理地通过股权回馈给消费者。

此外，消费者肯定对于发展良好、信誉好、透明度高（特别是借助信息化实时反映经营情况）的商家更加追捧，因为其虽然花费了更多的钱购买产品、服务，但能保证享受质量。更重要的是，这样的商家才会有在资本市场上共赢赚大钱的机会（甚至当初买产品、服务不仅不花钱，还赚钱）。至于低价劣质产品，有可能销售这样的产品的商家未来就倒闭了，积分根本不会有资本价值，所以消费者就不会去选择（商业秩序就会越来越好），如此一来，大部分商家就会努力做得更好，让更多消费者愿意选择。

四、数字共同体绿色积分合规交易市场探索

绿色积分可作为数字资产。我们为数字共同体设计的绿色积分，在符合我国现行政策与法规的前提下，可探索在几种交易平台上交易。（见图 7.2）

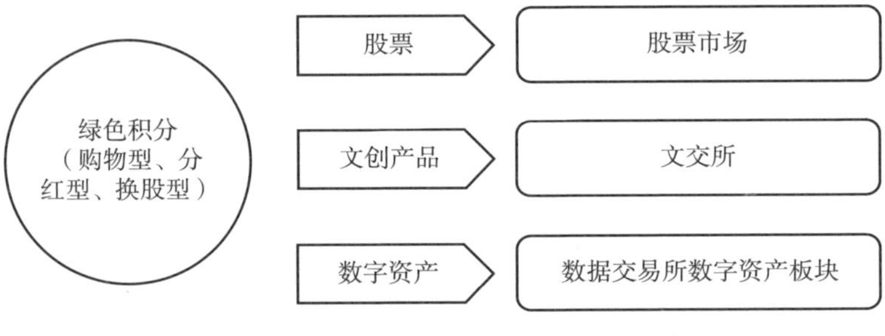

图 7.2　符合国情的合规交易平台探索

第一种是股票市场。

换股型积分，待公司上市成功后，用积分兑股票，在北交所、科创板、新三板、中小板、主板等证券市场上交易。

第二种是文交所。绿色积分可设计成在传统文交所上市交易的品类。

文交所的全称是文化产权交易所，是从事文化产权交易及相关

投融资服务工作，促进文化产业要素跨行业、跨地域、跨所有制流动，推动文化产权交易、企业改制、资产重组、融资并购、创意成果转化，促进文化与资本、文化与市场、文化与科技的紧密衔接的综合服务平台。文交所有上海文化产权交易所、深圳文化产权交易所、南京文化产权交易所、安徽文化产权交易所、天津文化产权交易所、山东文化产权交易所、南昌文化产权交易中心、南方文化产权交易所、成都文化产权交易所、湖北华中文化产权交易所等。

第三种是数据交易所数字资产板块。

绿色积分可设计成在数据交易所数字资产板块上市交易的品类。

据人民日报客户端消息，2022 年 8 月 24 日，作为上海数字化转型的关键基础设施和数据要素市场建设的重要成果，上海数据交易所在全国率先设立数字资产板块，重构数字资产体系，打造数字资产与实体经济深度融合的新样板。

上海数交所以“五大首发”，打造全新的数字资产板块。

一是创新首发数字资产新定义，定义了数字资产的“四不五可六类”，“四不”即底层商品为金融资产的不上市，无明确经济价值的不上市，数字资产产权不清晰的不上市，不符合国家法律法规的不上市；“五可”即可穿透、可确权、可定价、可流通、可溯源；“六类”即现阶段可交易数字资产主要包括文博衍生、数字文创、消费场景、品牌营销、产业应用、数据知识产权等六种类型。

二是首创数字资产板块管理规范，构建数字资产板块框架体系。

三是创新首发与实体经济强耦合的数字资产，依托上海数交所完成首个数字资产的登记和发行，让传统品牌、老字号共享数字化转型红利。

四是首发数字资产网，涵盖数字资产产业动态、数字资产市场行情、国家地方政策指引、相关行业制度规范等市场关心的内容，打造具有引领性的数字资产市场门户。

五是创新首发数账通，作为组织、消费者数字资产管理工具，实现不同链上的数字资产一站呈现。

上海此举势必强化其国际金融中心地位：一为数字资产合规性背书；二汇聚全国数字金融资源为其服务；三打通数字资产国际市场。

至于目前火热的NFT/数字藏品，只停留于一级商品属性市场，没有明确合规的二级金融属性市场，可暂不考虑。

当然，我国对数字资产还在探索中，特别是监管政策和交易市场还在“摸着石头过河”。我们应密切关注这个领域的动态，力求跟上变化趋势。

第八章

“平台 + 节点”打造上市公司孵化器

一、数字共同体解决“三难”的问题

工业时代经过四五百年的演绎和发展，已产生三个深刻经济社会矛盾：产能过剩、金融空转、劳资冲突；相应地，企业也存在3个难题：卖货难、融资难、治理难（见图8.1）。

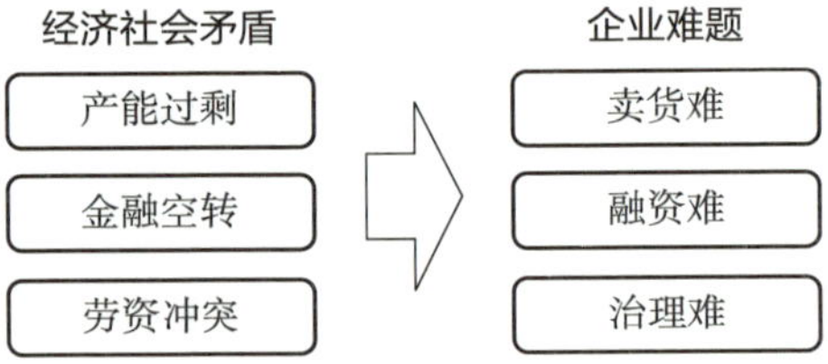

图8.1　后工业时代经济社会矛盾和企业难题

这三个工业化时代遗留的难题，互联网时代也没能完全解决好。

数字共同体有两个武器：社群行为文化和数字化建设。搭建“平台＋节点”模式，数字共同体是平台，通过其社群行为文化和数字化技术，服务企业节点，助其成长。

数字共同体的解决之道是：利用其规模效应和英明选择，帮助企业创新产品打开销路，引导企业生产有质量、有销路的产品。通过回笼资金，也可与银行等金融机构的供应链金融合作，解决企业创新和发展资金不足问题。用数字共同体理念武装企业及社群组织，解决激励机制等治理难题。数字共同体不仅能解决自身的经营与发展问题，也能帮助加入数字共同体的企业解决其卖货难、融资难、治理难的难题。

（一）卖货难

后工业时代，各种商业模式充分挖掘，各行业普遍存在产能过剩、需求不足问题，市场是买方市场。卖货难成为普遍问题。“酒香也怕巷子深。”很多时候不是产品、服务不行，而是营销缺乏办法。谁“抓”住了消费者谁就赢了。

创新和质量经济是根本出路。

数字共同体借助区块链和社群行为，通过可信机制和共识流量，可迅速树立起受服企业及其产品或服务的品牌形象，是真货市场和消费者信任逻辑。当然，这也是一把双刃剑，不好的产品形象一旦形成，也会迅速扩散，而且不可篡改。所以，在区块链时代，迫使大家注重自己的声誉和品牌形象，杜绝造假，努力提高产品或服务质量和美誉度，以提高企业竞争能力。

这种真货逻辑和信任逻辑，与互联网、大数据是不一样的。大数据扩大营销，是精准营销思路，即通过大数据分析、用户画像、更精准的广告投放、更有效的营销活动，更快速地找到目标客户。但这里有一个问题，营销的本质是建立用户对产品和企业的信任的基础上的。短缺经济时代、卖方市场时代，找到合适的商品和服务是首要的，大数据精准营销逻辑是正确和有效的。但是，在过剩经济时代、买方市场时代，找到货品和服务不是很难，而信任是购买的前提，信任才是稀缺的。通过大数据虽然能够快速找到目标用户，但是如果没有信任，用户还是不会购买，而且非常讨厌接到广告，哪怕是自己有需求的广告。相反，如果有了信任，想不购买都难。在广告轰炸和信息爆炸时代，能够通过数字共同体克服信息污染，共识流量 + 溯源存证，解决消费者信任问题，才是真正的营销。

数字共同体在营销上还有一个比互联网、大数据更高级的逻辑，就是“消费者也是投资者”。过去我们常说，顾客就是“衣食父母”。对顾客服务再好，但总归是客人，消费者与商家是博弈关系，消费者总希望少花钱多买东西；相反，商家总希望多收钱而少提供东西。而数字共同体通过绿色积分等，消费配送绿色积分，绿色积分与数字共同体的价值同涨同跌，消费者就是投资者，也会因数字共同体升值而获利。换句话说，数字共同体把消费者当家人、当自己人。（企业）商家和消费者都是数字共同体的家人，家人之间不是博弈关系，是有收益、有爱、有共识的命运共同体。这样，消费者等家人会成为企业和数字共同体的宣传员，会把企业当作自己的事业去宣传，这是用多少广告都买不到的口碑。在数字经济时代，信息传播以秒计，口碑是最有效的营销，这个能量是惊人的。此外，数字共同体发展壮大，不仅企业（商家）能够分享收益，消费者也能分享收益，各方利益都能兼顾。

（二）融资难

后工业时代，实业投资利润摊薄，金融系统更倾向于投资在股票、房地产等短期容易升值的资产上。金融在银行、房地产和股市等空转，就是不到实体企业中。企业融资难、融资贵一直是中外经济系统的一个顽疾。企业特别是中小微企业融资难，是中国经济社会发展的一个突出矛盾。

创业创新、再生产和扩大再生产，企业都需要资金，而资金的来源有三个途径：银行信贷的债权融资、证券市场的股权融资和产品服务的销售回笼资金。

首先，数字共同体因强大的营销能力，能够帮助受服企业迅速回笼资金。

其次，数字共同体孵化企业成功上市，也是解决企业融资的一个有效途径。

最后，数字共同体与合规的有金融牌照的银行等金融机构合作，搭建供应链金融体系，比如可以联保连带、期限配置等。

数字共同体以共识流量为基础，通过区块链等数字技术建立优化迭代的信用机制，支持企业创新创业、再生产、扩大再生产。这是金融逻辑。这种操作，必须符合中国目前国情，同时要遵循国家政策监管。

（三）治理难

失败的企业往往败在战略定位，成功的企业往往成在经营管理。劳资冲突矛盾，一直是没有得到很好解决的企业治理难题。数字共同体通过区块链等数字技术将劳方、资方化为一致的行为人，改变了生产关系，彻底克服了劳资冲突矛盾。在数字共同体里，大家都是行为人，只是分工不同，各自凭本事获取收益。在数字共同体里，大家都是主人，自己为自己打工。数字共同体能够充分激发和调动各方的积极性和创造力。数字共同体的组织模式和激励机制解决了企业治理难题。

一家现代企业的治理，需要有九个标准模块，即业务战略定位、法人治理结构、公司组织设计、人力考核激励、市场营销推广、产品服务流程、企业文化建设、财务税务体系、风险控制机制（见图 8.2）。

业务战略定位
法人治理结构
公司组织设计
人力考核激励
市场营销推广
产品服务流程
企业文化建设
财务税务体系
风险控制机制

图 8.2　现代企业治理的九个标准模块

数字共同体的链改功能，可以改进企业的这九个标准模块。

比如，区块链是记账技术，近期可以为企业财务背书，远期待整个国家区块链发票和财务会计系统链改完成后，企业记账对接国家财税系统就异常简单。发工资奖金、报税、对接银行证券、对接对外的原材料与产品服务款项，以及对外项目合作与股权合作等账款，企业会计事务的效率和公开、公平、公正水平就会大大提高。

再如，利用区块链的智能合约，可以处理企业的对内对外合同，可以解决 70% 以上合同顺延的自动化管理；利用区块链的互信机制和共识机制，可以大大提高企业部门之间、人员之间的信任问题，提高协作效率；利用区块链的激励机制和共享机制，使用记账积分，有效激发员工的劳动积极性和主观能动性，可以大大改善企业绩效考核水平；利用区块链的组织属性，整合上游资源和下游市场，可以放大企业动员社会资源的能力；人力资源专业人士能够简化审批程序，加快招聘进程；等等。

二、用共识流量提升企业品牌和无形资产

（一）无形资产扩大是企业财富增加的方向

工业时代几百年，有形资产价值挖掘已经十分充分，以至于出现产能过剩、需求不足等问题。未来，数字经济时代，满足于人们吃饱穿暖等简单需求的有形资产上升空间十分有限，而满足于人们享受型精神需求的无形资产还远远不够，无形资产大爆发势在必行。数字经济时代就是质量经济时代，是无形资产大爆发时代。

资产分为有形资产和无形资产两大类。无形资产包括专利、商标、品牌或声誉、市场占有率、影响力等。数据资产较复杂，包含有形资产和无形资产。具有知识属性的部分数据是有形资产，而企业和个人品牌（声誉）、能力等则是无形资产。

1975 年，在标准普尔 500 指数里的某些公司，其无形资产只有

13%，有形资产占 87%；而 2020 年，无形资产占 90%，有形资产只有 10%。由此可见一斑。

在互联网时代，虽然也出现大量的数据资产，但因为互联网的虚构性，制作成本很高，但复制成本几乎为零，容易发生盗版，比如创意、技术专利、商标、数字版权等有形数据资产市场需要进一步监管，而信用、美誉度、影响力、竞争力等无形资产的价值未能有效放大。

在区块链时代，用记账和绿色积分的方式来表达企业无形资产，进行封装、确权、溯源、存证、交易、定价等操作，这样做的好处很多。它通过区块链的可信计算、价值网络、分布社区，打造互信、共识、协作、激励、分享机制，创造方便、快捷、节约的效率逻辑，使企业无形资产迅速放大，从而实现增值的目的。

（二）企业无形资产提升空间巨大

企业从开创、不断长大，到成熟……在这个过程中企业有形资产在不断增加，无形资产也在不断增加。应该说，在数字经济时代，无形资产增加得更快，杠杆倍数更高。企业和个人资产的无形资产部分有很大的增值空间。

中国有 1.5 亿经济主体（国有企业、民营企业、个体工商户等）和 14 亿多人口。中国目前只有 4 000 余家上市公司，显然不够。个人 IP 市场化更是很不够，只有少数演艺明星 IP 市场化较充分，科学家、经理人、工程师、工匠等构成人力资本要素的 IP 没有有效市场化。为了共同富裕，我们不仅让人们有劳动收入，还要让人们有财产性收入。如果 1.5 亿经济主体和 14 亿多人的资产盘活，特别是无形资产放大，那么将是排山倒海的财富创造力量。

这种力量即将变为现实。2022 年 2 月 14 日，美国著名投资家沃伦·巴菲特的黄金搭档、95 岁的查理·芒格参加了《每日日报》

(*Daily Journal*) 公司年会，并发表了演讲。芒格非常看好中国市场，他说："中国的市场可以。有些聪明人已经蹚进去了。时候到了，更多人会进场。中国的好公司比美国的好公司便宜。"

（三）塑造品牌效应提升企业无形资产

在无形资产大爆炸时代，品牌是企业产品与服务市场规模扩大的重要来源，也是企业上市后市值提升的重要保障。

数字共同体不仅有流量效应，而且有共识流量效应；不仅能带来企业产品和服务规模的扩大，还能带来企业品牌和其他无形资产的扩大。

我们有一个思维定式，就是杠杆必然就是泡沫。在工业时代金融杠杆是这样的，过高的杠杆必然是泡沫；但在数字经济时代不是这样的，有些有共识支撑的高杠杆，就不一定是泡沫。

比如假冒伪劣产品肯定是泡沫。当前大家说房地产有泡沫，就是指房地产价格太高了，远远超过其本身的价值。

这里就有一个共识支撑概念。假冒伪劣是信息不对称，欺骗导致共识不是真共识，是伪共识。蚂蚁金服产品超过监管红线，也是伪共识，因为监管标准就是共识。房地产价格走高，市盈率超过千倍（如果没有信息披露误导），这是真共识。有的股票高达千倍市盈率，也能够正常运行。伪共识肯定不行，绝对是泡沫，是风险；真共识是不是泡沫？其所谓的风险是不是真风险？这是有争议的。如果投资者炒股票亏了属于愿赌服输，那如果赢了应怎么说？

有一点大家不要忽略，就是无形资产就是依靠共识支撑的，这一点非常重要。茅台酒等为什么价格高，因为无形资产高，它是有市场"靠谱共识"支撑的，不是泡沫。郁金香泡沫、房地产泡沫虽然也有市场共识，但基本可定义为"不靠谱共识"。靠谱共识不是泡沫，不靠谱共识当然就是泡沫。当然，两种共识都很常见，股市里有靠谱共识，也有大量不靠谱共识。价格高可能还在靠谱共识范围里，过高就滑向不靠谱共识，界限很难确定。但哪些是靠谱共识，哪些是不靠谱共识，最终还是由市场说了算，不可持续的高价肯定是不靠谱共识。

企业产品和服务品质提高，又通过市场“靠谱共识”确认，无形资产必然大幅度提升。

三、上市是企业无形资产变现的可选途径

我国市场主体总量已突破1.6亿户，而上市公司只有4 000多家，原因有多方面。比如，上主板、创业板、科创板、新三板等，都需要符合相关要求，注册制和退市也迟迟没推出来，中国在资本市场扩容和多层次建设方面仍在不断努力。一方面考虑上市公司质量，有创新思路、有效益支撑、有市场基础的企业数量较少，在经济下行压力加大的情况下更少，必须保障上市公司质量；另一方面也要考虑市场上投资者的承受能力；还需要考虑市场深度建设，如上市公司真实信息披露、上市后的监督监管、注册制和退市的实施等。中国在加快推进资本市场建设速度与力度。国务院2022年5月印发《国务院关于扎实稳住经济一揽子政策措施的通知》，提出6个方面33项务实举措，助力宏观经济稳定运行，明确提出要提高资本市场融资效率、科学合理地把握IPO和再融资常态化、支持符合条件的平台企业赴境外上市、多举措支持中小企业发展、减免债市费用等。

有些人把心思都用在上市公司圈钱上，而没有在经营和资产品质上下功夫，这种操作在区块链时代可以休矣。

有人说，我们不上市可不可以，比如华为、老干妈就没上市，我们认为，像它们这样的优秀企业稀少，虽然上市是可选项，并不是必选项，但是通过上市促进企业发展，速度可以更快。

终归，企业上市前的孵化是最关键的一环。

（一）企业上市各种安排的对比

数字共同体核心企业及受服企业都可选择通过上市来变现其资产证券化。

从目前情况看，企业上市有上海证券交易所（以下简称“上交所”）和深圳证券交易所（以下简称“深交所”）主板、创业板、科创板、北交所等途径。企业应根据自身情况，选择合适的上市途径（见图 8.3）。

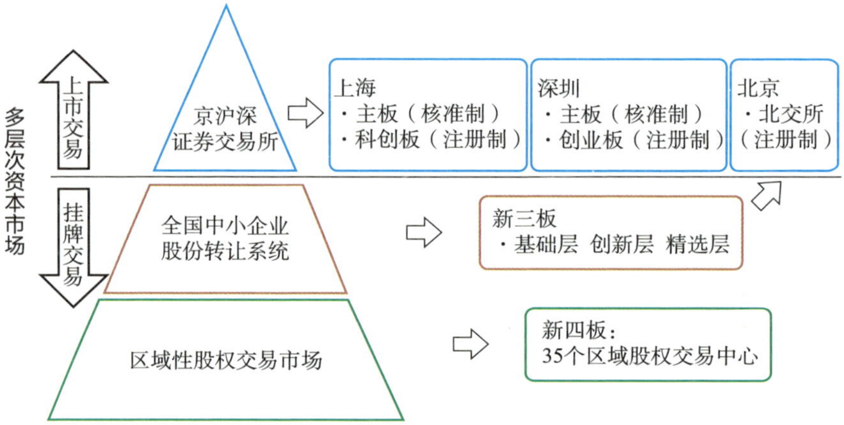

图 8.3　中国多层次资本市场结构图

1. 新三板

“新三板”是全国中小企业股份转让系统的俗称，是全国性的非上市股份有限公司股权交易平台。新三板上市基本没有门槛，但也没有流量，一般我们称新三板是挂牌而不是真正的上市。

新三板上市需要满足以下条件：

（1）依法设立且存续满 2 年。其中，有限责任公司按原账面净资产值折股整体变更为股份有限公司的，存续时间可以从有限责任公司成立之日起计算。

（2）业务明确，具有持续经营能力。

（3）公司治理机制健全，合法规范经营。

（4）股票发行和转让行为合法合规。

（5）新三板上市公司注册地址在试点国家高新园区。

（6）地方政府出具新三板上市挂牌试点资格确认函。

在新三板孵化一年，争取进入新三板精选层，也就是在北交所上市。

2. 北交所

2021 年 9 月，我国设立北京证券交易所，打造服务创新型中小企业主阵地。

北交所于 2021 年 9 月 3 日注册成立，是经国务院批准设立的中国第一家公司制证券交易所，受证监会监督管理，于 2021 年 11 月 15 日开市。

北交所与新三板是一体的，总体平移新三板精选层，维持新三板基础层、创新层、精选层（北交所）层层递进的市场结构，同步试点证券发行注册制。如果不考虑在北交所上市，也可选取科创板、创业板等。

3. 科创板

2018 年 11 月，我国在上海证券交易所设立科创板并试点注册制。

科创板重点支持新一代信息技术、高端装备、新材料、新能源、节能环保以及生物医药等高新技术产业和战略性新兴产业，推动互联网、大数据、云计算、人工智能和制造业深度融合，引领中高端消费，推动质量变革、效率变革、动力变革。

2019 年 6 月 13 日，科创板正式开板。2019 年 7 月 22 日，科创板首批公司上市。

通过北交所、科创板、创业板几个门槛较低的上市板块对比，我们发现，北交所要求最低、科创板次之、创业板要求较高。申报家数与过会家数也是北交所、科创板、创业板由低到高排列。大概企业也不一定愿意选择门槛低的北交所，门槛低意味着声誉弱，企业只要条件够就都想挤进门槛高的板块去。科创板审核天数长，这就要看企业是着急上市还是看重通过率。北交所限售时间短，市场换手率也短，说明还存有新三板痕迹，市场风险相对较大，投资门槛相对高。创业板跟主板接近，科创板中等（见表 8.1）。

表 8.1　北交所、科创板、创业板优劣对比

	北交所	科创板	创业板
净利润要求	低	中	高
申报家数	低	中	高
过会家数	低	中	高
过会申报比	中	高	低
审核天数	低	高	中
限售时间	低	中	中
投资门槛	高	高	低
换手率	低	中	高

上市是中国企业的一种经营选择。由于上市流程复杂、容量受限，所以上市过程较漫长（见图 8.4）。

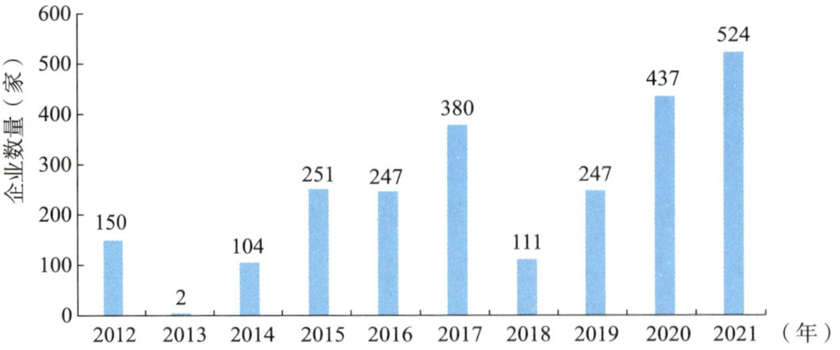

图 8.4　2012—2021 年中国新增上市企业数量变化

除在内地上市外，中国企业也可以选择到中国香港地区和美国上市。

中国香港主板上市需要满足以下条件：

（1）财务规定：据相关部门要求，上市要达到以往 3 个财政年度最少 5 000 万港元赢利（近期 1 年赢利最少 2 000 万港元，以及前 5 年总计赢利最少 3 000 万港元，同时上市时，市值最少做到 20 亿港元）。

（2）企业会计准则：企业会计准则为《香港财务报告规则》或《国际性财务报告规则》，运营银行业务的公司务必同时遵循香港金融管理局传出的《当地申请注册认同机构公布财务材料》。

（3）运营记录及高管：在大约前 3 个财政年度，高管大概保持不变，至少近期 1 个审计年度的拥有权和决策权大概保持不变。

（4）最少市值：新申请人上市时，证券市值最少是 5 亿港元。

（5）公众持股的市值：新证券上市时，公众持有的股权市值最少是 2.5 亿港元。

中国香港创业板上市需要满足以下条件：

（1）财务规定：据要求，创业板申请人须具有不少于 2 个财政年度的运营记录，包含日常运营业务资金注入，于上市前，2 个财政年度累计最少达 2 000 万港元，上市时市值最少达 1 亿港元。

（2）企业会计准则：企业会计准则为《香港财务报告规则》或《国际性财务报告规则》，运营银行业务的公司务必同时遵循香港金融管理局传出的《当地申请注册认同机构公布财务材料》。

（3）运营记录及高管：新申请人需要具有 2 个财政年度的运营记录，高管在近期 2 个财政年度保持不变，一个财政年度内拥有权和决策权保持不变。

（4）最少市值：新申请人上市时，证券市值最少为 1 亿港元。

（5）公众持股的市值：新证券上市时，公众持有的股权市值最少为 3 000 万港元。

很多企业都去美国上市，尤其是科技类企业，美国资本市场成熟、国际化的资本市场无疑有巨大的吸引力，有利于提升企业国际品牌知名度。

美国纳斯达克证券交易所上市需要满足以下条件：

（1）需有 300 名以上的股东。

（2）超过 400 万美元的净资产额。

（3）每年的年度财务报表必须提交给美国证券交易委员会与公司股东们参考。

（4）股票总市值最少要有 100 万美元以上。

（5）最少要有 3 家做市商（Market Maker）的参与此案，每位登记在案的做市商须在正常的买价与卖价之下有能力买或卖 100 股以上的股票，并且必须在每笔成交后的 90 秒内将所有的成交价及交易量回报给美国证券商同业公会（NASD）。

（6）上个会计年度最低为 75 万美元的税前所得。

美国纳斯达克证券交易所对非美国公司提供可选择的上市标准，财务标准满足下列美国上市条件中的一条：

（1）股票总市值不低于 7 500 万美元，或者公司总资产、当年总收入不低于 7 500 万美元。

（2）不少于 1 500 万美元的净资产额，最近 3 年中至少有 1 年税前营业收入不少于 100 万美元。

（3）上个会计年度最低为 75 万美元的税前所得。

（4）不少于 3 000 万美元的净资产额，不少于 2 年的营业记录。

（5）最少要有 3 家做市商的参与此案。

（6）需有 300 名以上的股东。

（7）每年的年度财务报表必须提交给美国证券交易委员会与公司股东们参考。

美国纽约证券交易所上市需要满足以下条件：

（1）最少要有 800 名的股东（每名股东需拥有 100 股以上）。

（2）最少要有 50 万股的股数在市面上为大众所拥有。

（3）上个会计年度需有最低 75 万美元的税前所得。

（4）市值最少要在 300 万美元以上。

美国纽约证券交易所对美国国外公司上市的条件要求如下：

作为世界性的证券交易场所，纽约证券交易所也接受外国公司挂牌上市，上市条件较美国国内公司更为严格，主要包括：

（1）公司财务标准（三选其一）。

净资产标准：全球净资产至少 7.5 亿美元，最近财务年度的收入至少 7.5 亿美元。

收益标准：公司前 3 年的税前利润必须达到 1 亿美元，且最近 2 年的利润分别不低于 2 500 万美元。

流动资金标准：在全球拥有 5 亿美元资产，过去 12 个月营业收入至少 1 亿美元，最近 3 年流动资金至少 1 亿美元。

（2）社会公众持有的股票数目不少于 250 万股。

（3）其他有关因素，如公司所属行业的相对稳定性、公司在该行业中的地位、公司产品的市场情况、公司的前景、公众对公司股票的兴趣等。

（4）有 100 股以上的股东人数不少于 5 000 名。

（5）对公司的管理和操作方面的多项要求。

子公司上市标准：

子公司全球资产至少 5 亿美元，公司至少有 12 个月的运营历史。母公司必须是业绩良好的上市公司，并对子公司有控股权。

股票发行规模：股东权益不得低于 400 万美元，股价最低不得低于 3 美元 / 股，至少发行 100 万普通股，市值不低于 300 万美元。

公司财务标准（二选其一）：

总资产标准：净资产不得低于 7 500 万美元，且最近 1 年的总收入不低于 7 500 万美元。

收益标准：最近 1 年的税前收入不得低于 75 万美元。

在中国香港地区和美国上市，需要搭建可变利益实体（Variable Interest Entities，VIE），即 VIE 架构，也称为“协议控制”，其本质是境内主体为实现在境外上市采取的一种方式。先在境外设立上市公司，境外上市实体与境内运营实体相分离，境外上市实体在境内设立全资子公司（Wholly Foreign Owned Enterprise，WFOE），该全资子公司并不实际开展主营业务，而是通过协议的方式控制境内运营实体的业务和财务，使该运营实体成为境外上市实体的可变利益实体。

2015 年 6 月 20 日，工业和信息化部发布公告，宣布在上海自贸区开展试点的基础上，在全国范围内放开经营类电子商务（在线数据处理与交易处理业务）外资股比限制，外资持股比例可至 100%。这意味着，电子商务外资股权比例的限制彻底取消，在境外上市的中国电商类企业可以不必拆除 VIE 架构直接回归，在中国境内上市。

但美国《外国公司问责法案》（HFCAA）2020 年 5 月获美国国会参议院批准通过，2020 年 12 月获国会众议院表决通过。2022 年 3 月 10 日，美国证券交易委员会发布公告，根据《外国公司问责法案》，被列入“确定摘牌名单”的公司需要在（自披露第一份年报开始计算且 2021 年当作第一年）3 年内提交美国证券交易委员会需要的文件。如果“确定摘牌名单”中的公司没有提交或提交的文件不符合美国证券交易委员会要求，理论上将会在披露 2023 年年报后（2024 年初）面临立即退市的风险。受此影响，很多中概股股票大跌，面临退市风险，从而使中国企业去美国上市的不确定性加大。

中国证监会 2022 年 8 月 26 日宣布，中国证监会、财政部与美国公众公司会计监督委员会（PCAOB）签署审计监管合作协议，将于近期启动相关合作事项。这标志着中美双方监管机构为解决审计监管合作这一共同关切问题迈出了重要一步。

中国企业还可以选择去新加坡上市。2022 年 5 月 20 日，国内新能源汽车明星企业蔚来以介绍方式在新加坡交易所（以下简称“新交所”）上市。过去这些年也有很多中国企业在新加坡上市，截至2022年6月，新交所700多家上市企业中，来自中国的企业已经占到了新交所上市公司市值的15%。

虽然新加坡整体流动性稍低于美国、中国香港地区的资本市场，但其实新交所在成立之初，就一直配套优化了很多非常灵活的机制，比如介绍上市、二次上市机制，还有与不同交易所的互通互认等。

对于一些想要进入国际市场获取业务和资本的企业，新交所是一个极佳的跳板。

（二）数字共同体是上市公司的预科班

企业家是创新发展最重要的主体。在中国中小企业占比超90%，中小企业数字化转型是应用“新蓝海”。企业数字化有了思路，企业数字化转型就会成功。企业有活力，经济就有力量，一切问题就容易解决。

升级的第一步是观念的升级。升级是一种内在观念的演变，观念的演变需要新的复合知识来支撑，不同的产品、不同的品牌，升级的路子是不尽相同的，但有一条是相同的，那就是认知的改变、观念的升级。传统企业的出路在于自身的学习能力，互联网只是工具。

品牌力不足是一些国产产品的问题，升级迫在眉睫。某些国产化品牌长期以来还只是满足人们的物理需求，还没有将品牌进化到故事和情感的层面。

我们提出数字共同体“平台 + 节点”模式，核心企业和行为人是平台，受服企业是节点，孵化受服企业。从改变认知开始，通过品牌建设，使之实现上市，将数字共同体打造为上市公司的预科班。

业绩是企业上市的最基本条件。数字共同体预科班功能就是快速提升受服企业的业绩。

企业业绩孵化可参照德国著名的管理学思想家、“隐形冠军”之父赫尔曼·西蒙（Hermann Simon）在《21世纪的隐形冠军》中的

10 项要求：

（1）坚强的领导力，当前经济环境下领导塑造信心往往比黄金更重要。

（2）高效的员工，让那些跟不上的员工及早离开。

（3）独一无二的特性，企业在“专、精、特、新”上下功夫。

（4）分权，每个人在价值链中找到合适的位置。

（5）专注，专业的事由专业的人做。

（6）国际化，企业必须有国际化视野。

（7）创新，适应数字化转型新趋势要有新商业模式。

（8）贴近客户，任何事都要首先想明白是谁掏钱买产品和服务。

（9）长期主义，不能长期做的事情不要去做。

（10）跨界与融合，不仅是本界，而且有它界；不仅此界，而且彼界。

企业达到上市要求后，如果决定上市，就需要按照《中华人民共和国公司法》和《中华人民共和国证券法》规定，做很多准备工作。企业上市流程见图 8.5。

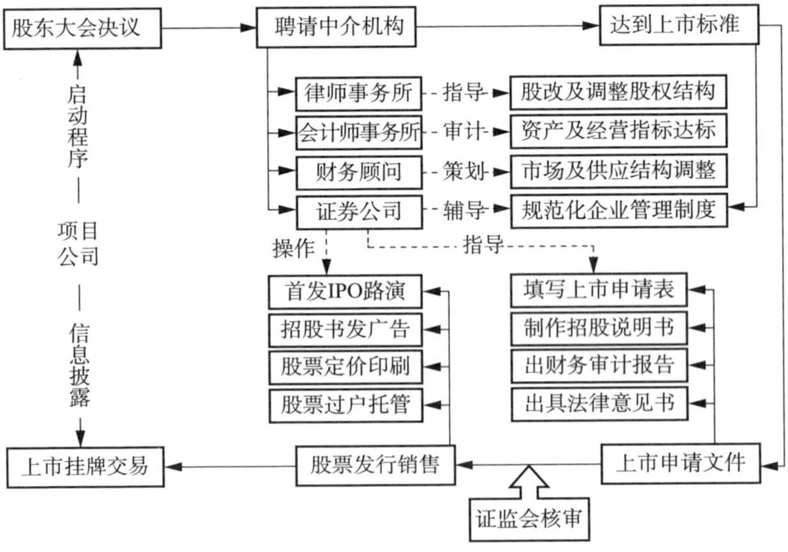

图 8.5　企业上市流程

《中华人民共和国公司法》第一百二十条：本法所称上市公司，是指其股票在证券交易所上市交易的股份有限公司。《中华人民共和国证券法》第十三条：公司公开发行新股，应当报送募股申请和下列文件：（一）公司营业执照；（二）公司章程；（三）股东大会决议；（四）招股说明书或者其他公开发行募集文件；（五）财务会计报告；（六）代收股款银行的名称及地址。依照本法规定聘请保荐人的，还应当报送保荐人出具的发行保荐书。依照本法规定实行承销的，还应当报送承销机构名称及有关的协议。

企业上市前应做以下准备：

（1）企业应当是依法设立的股份有限公司。以前的有限责任公司，必须改制，设立股份有限公司。

（2）召开股东大会做出决议。

（3）调整企业财务体系和合同、业务结构等以符合上市公司要求。

（4）制作招股说明书或者其他公开发行募集文件。

（5）聘请包括法律事务所、会计师事务所、财务顾问等服务机构。

（6）依照法律规定聘请保荐人。

（7）其他准备。

四、积极参加国家专精特新“小巨人”企业计划

数字共同体可对接国家专精特新“小巨人”企业计划，提升受服企业的品牌效应和无形资产。

2021 年 1 月，财政部、工业和信息化部联合印发《关于支持“专精特新”中小企业高质量发展的通知》，其中明确，2021—2025 年，中央财政累计安排 100 亿元以上奖补资金，引导地方完善扶持政策和公共服务体系，分 3 批（每批不超过 3 年）重点支持 1 000 余家国家级专精特新“小巨人”企业高质量发展，带动 1 万家左右中小企业成长为国家级专精特新“小巨人”企业。由工业和信息化部商财政部从已认定的专精特新“小巨人”企业中择优选定（不含已

在上交所主板、科创板和深交所主板、创业板，以及境外公开发行股票的）。

2022 年 6 月，工业和信息化部印发《优质中小企业梯度培育管理暂行办法》（以下简称《办法》），明确了创新型中小企业、专精特新中小企业、专精特新“小巨人”企业的评价或认定标准，同时对“十四五”期间培育管理提出了系统性要求。《办法》自 2022 年 8 月 1 日起实施。

创新型中小企业、专精特新中小企业、专精特新“小巨人”企业是优质中小企业培育的三个层次，共同构成梯度培育体系。创新型中小企业具有较高专业化水平、较强创新能力和发展潜力，是优质中小企业的基础力量，培育目标是 100 万家左右。专精特新中小企业实现专业化、精细化、特色化发展，创新能力强，质量效益好，是优质中小企业的中坚力量，培育目标是 10 万家左右。专精特新“小巨人”企业位于产业基础核心领域和产业链关键环节，创新能力突出、掌握核心技术、细分市场占有率高、质量效益好，是优质中小企业的核心力量，培育目标是 1 万家左右。

对于企业申报条件，《办法》明确，所有在境内工商注册登记、具有独立法人资格、符合《中小企业划型标准规定》的企业，不区分所有制，都可以申报。但企业要满足近 3 年未发生过重大安全（含网络安全、数据安全）、环境污染等事故以及偷漏税等违法违规行为等要求。在产业导向上，培育工作以制造业企业、制造业和信息化相融合的企业为主，突出产业链属性，重点鼓励位于产业链供应链关键环节及核心领域的企业。

对于优质中小企业的培育，《办法》指出，结合不同发展阶段、不同类型中小企业的特点和需求，建立优质中小企业梯度培育体系，制定分层分类的专项扶持政策。统筹运用财税、金融、技术、产业、人才、用地、用能等政策工具持续支持优质中小企业发展。构建政府公共服务、市场化服务、公益性服务协同促进的服务体系，引导各类服务机构加大对优质中小企业的服务帮扶力度，通过搭建创新成果对接、大中小企业融通创新、创新创业大赛等平台，汇聚服务资源，创新服务方式，为中小企业提供全周期、全方位、多层次的服务。

重点“小巨人”企业须同时符合以下条件：

一是基础条件：工业和信息化部认定的专精特新“小巨人”企业（不含已在上交所主板、科创板和深交所主板、创业板，以及境外公开发行股票的）。

二是在产业导向方面，属于《工业“四基”发展目录》所列重点领域或制造强国战略十大重点产业领域；或主导产品属于关键领域“补短板”、关键核心技术攻关、填补国内空白（国际空白）；或与重点行业龙头企业协同创新。

三是在专业化程度方面，主营业务收入占营业收入的比重在 70% 以上。

四是应同时满足创新能力、经营管理、成长性要求。在创新能力方面，截至上年末的近 2 年研发经费支出占营业收入的比重在 4% 以上；且满足以下 3 项条件之一：拥有有效发明专利 2 项以上、自建或与高校和科研机构联合建立研发机构；主持或参与制（修）订国际或国家或行业标准 1 个以上。在经营管理方面，取得相关质量管理体系认证（如 ISO 9000 质量管理体系、ISO 14000 环境管理体系认证等）。在成长性要求方面，上年主营业务收入增长（不作为第一批申报条件）；或有上市计划（已递交申请书或已进入辅导期）。

企业具备专精特新“小巨人”培育资格的要求如下：

一是上年度营收 1 亿元以上，且 2 年研发支出不低于 3%。

二是营收 5 000 万 ~ 1 亿元，且 2 年研发支出不低于 6%。

三是企业主导产品细分市场占有率位于全省前 3 位。

四是企业年度资产负债率不高于 70%。

五是企业拥有有效发明或实用新型专利或计算机软件著作权。

六是2年内没有发生重大安全、质量、环境污染事故等的违法记录。

七是2年主营收入或净利润增长率达到5%以上。

八是企业拥有自主品牌。

2022年6月工业和信息化部办公厅发布《关于开展第四批专精特新“小巨人”企业培育和第一批专精特新“小巨人”企业复核工作的通知》，为中小微企业带来利好。

五、共识流量率先赋能的10个行业领域

原则上，数字共同体可赋能所有产品和服务，服务所有企业，成就所有人。但蛋糕要先从奶油多的地方吃。我们从逻辑上可优先选择以下行业领域：

1. 快消品

快消品具有使用频率高，走量，产品真伪与质量难以鉴别的特点。但在如今的质量经济时代，消费者更看重品质。如矿泉水等饮品，女装、童装，化妆品，食品，保健品，日用品等，具有使用频率高、适合线上销售、受众地域覆盖全国等特点。

上榜理由：营销需要靠品牌推动，品牌是共识流量的强项，即所谓“金杯银杯不如老百姓的口碑”。

2. 科技新品

科创类产品往往需要试用，用户培养是一个过程。但新产品也有一个好处，就是处于蓝海市场，往往有定价权。科技新品的范围很广。

上榜理由：科技新品定价为共识流量提供了选择空间，意见领袖作用非常大，共识流量为科技新品迅速打开市场提供了条件。最近新能源汽车很火，适合用共识流量赋能。

3. 文创产品

文创产品需要有创意，以满足精神需求。优质的文创产品价格可以定得很高，有很高的升值杠杆。

上榜理由：文创产品增值空间大，更需要意见领袖。真正的意见领袖来自共识流量。

4. 游戏

游戏是创意产业，也是精神产品，也有大众需求。特点是其定价已经数字化。一款游戏是否优秀，玩的人多与少就是最好的证明。

上榜理由：计价已数据化，推广容易上手，走量，适合共识流量。

5. 连锁店

连锁经营是跨地域的，主要是统一品牌、统一产品和服务。如美妆店、养生店、专卖店、超市、酒店、餐饮店等。

上榜理由：数字共同体有跨地域的优势，能够节约大量成本。

6. 保险

保险是算法定价，按出事概率理赔，从中挣差价。精算师是核心能力。

上榜理由：共识流量有大数据和英明决策，最适合这种算法定价。

7. 拍品

适合投资的酒、茶叶等，也能收藏，是有文化属性和金融属性的产品，有拍卖价值。

上榜理由：共识流量对于拍卖是很擅长的。茅台酒有很高的价值，也可试一试。

8. 旅游

如机票、酒店等已积分化，折扣大。携程等商业模型很火，也是此种原因。

上榜理由：流量共识可方便进行积分置换。大数据和英明决策，可使该行业更加红火。

9. 手机

手机用户海量，属于流量入口。

上榜理由：流量入口对于共识流量有很强的诱惑力。

10. 加油卡

加油卡曾作为投资品很火，有积淀。

上榜理由：可利用原有的流量转移到共识流量中来。

传统网商已积分化，其中卖得多的产品和服务，可以通过引流，适合率先用数字共同体来赋能。已积分化的产品和服务，如手机话费、公交卡充值、机票等，可以通过积分置换，迅速打开销路。

第九章

数字经济时代个人的选择与成长

在数字经济时代，特别是在（区块链、元宇宙和 Web3.0 BMW）主导的数字经济 2.0 时代，从前微弱的个人经济力量发生了历史性的巨变，个人经济自由获得了史无前例的进步。个人和家庭不仅作为消费者的地位大大提高，而且作为投资者的能力也有了极大提升，在就业与创业方面的自由程度更高。企业和平台主导的经济形态正在成为过去式，个体将成为经济的决定性力量。

数字共同体顺应这个趋势，以社群行为人为中心，是成就人的舞台。

那么，面对这样的趋势变化，我们每个人该如何拥抱数字经济时代呢？

一、加强学习，提高认知，放大格局

时代在变，我们必须加强学习，紧跟趋势。改变认知靠自己，破圈最重要的是破认知的圈。你永远叫不醒装睡的人，也很难挣到认知以外的钱。

要让自己的格局变大，就要不断学习。读万卷书，行万里路，阅人无数，你就会提高认知，放大格局，不让负面的东西消耗自己的能量。稻盛和夫说，你站在 1 楼时，听到别人骂你会很生气；你站在 10 楼时，因为听不清别人骂你的内容而以为别人跟你打招呼；你站在 100 楼时，你根本看不见、听不见别人骂你，看到的全是风景。

要向比你优秀的人学习，要向比你格局大的人学习，要向比你能量大的人学习。真正厉害的人都是虚怀若谷的人。

二、让自己更有价值

AI 代替人，我们面临的不是大量失业，而是要转型，因为人更贵了。当年英国“圈地运动”时，虽然工业化初期大量农民失地，但事实证明，随着技术进步，工业化并没有造成大量失业，而是将失地农民转化为产业工人，就业增加了。所以，数字经济时代，产业工人会转化为专家，开机器的变成操作电脑的。但前提是转型。如果自己不学习、不转型，很可能被时代淘汰。为此，我们可以不只局限于普通劳动者，还可以积极转型，成为复合型劳动者。要学会充电，学会投资自己。

任何人都是独一无二的。要根据自己的特点，充分挖掘自己的潜能。不要刻意讨好别人，做好自己就好了。你成长了、变优秀了、成功了，自然会吸引人和资源。

三、选择对了就成功了一半

数字经济时代，努力重要，选择更重要，要把努力建立在正确的方向上。“男怕入错行，女怕嫁错郎。”选择对了，就成功了一半。

大数据时代和网络时代资讯发达，为我们每个人作出选择、作出英明决策创造了条件。思路决定出路。

数字时代也是共享经济时代。如果选择自己创业，就需要顺应趋势，有格局有担当，懂得感恩，懂得分享；如果不创业，就需要选择适合自己的平台和团队。

选择专注，不要把时间花在无效的社交上，要学会理性拒绝别人。

四、爱拼才会赢

我们可以学习运动健儿的拼搏精神。跳水运动员全红婵出身平凡，但通过刻苦训练、努力拼搏，同样可以成功。

我们每个人的潜能都是很大的。人往往需要逼迫自己一下，走出舒适圈，你不这样，都不知道自己有多大潜力。

在奋斗过程中，正视挑战，解决困难。《孟子》中说：“天将降大任于斯人也，必先苦其心志，劳其筋骨，饿其体肤，空乏其身，行拂乱其所为，所以动心忍性，曾益其所不能。”

坚持就是胜利。终有一天你会感谢不放弃的自己。唐僧师徒经过九九八十一难后终于西天取经成功，因为不放弃，因为他们心中有信念！成功就是选择一个正确目标，然后坚持下去。

比我们聪明的人，比我们优秀的人，比我们起点高的人，比我们资源好的人，他们都在努力，我们有什么理由选择躺平，有什么理由不拼一拼？爱拼才会赢！

五、要有劳动收入，也要有财产性收入

数字经济时代也是要实现共同富裕的时代。从小康到富裕，国家将形成两头小、中间大的“橄榄型”分配结构，庞大的中产阶层即将形成。为此，我们不仅要有稳定的劳动收入，还应有风险型的财产性收入。

留足生活的钱，用余钱投资，不被“割韭菜”，就可以从容面对生活。

第十章

数字共同体经济思维符合国家大政方针

一、国内区块链发展态势

我们认为，目前采用的是“扬链禁币”的策略，坚决不碰“代币”，而是积极使用区块链技术和应用，用链改思维搭建商业模型。随着经济发展和社会进步，区块链政策认知也在不断深化。数字共同体会及时跟随政策的调整而调整。国家政策鼓励的，积极响应；政策禁止的，坚决照办；政策还未清晰的模糊地带，本着有利于国家战略部署、时代发展进步、有利于社会大众的原则进行创新。

（一）重视区块链在发展数字经济中的作用

“区块链技术的集成应用在新的技术革新和产业变革中起着重要作用。我们要把区块链作为核心技术自主创新的重要突破口，明确主攻方向，加大投入力度，着力攻克一批关键核心技术，加快推动区块链技术和产业创新发展。”

区块链技术应用已延伸到数字金融、物联网、智能制造、供应链管理、数字资产交易等多个领域。目前，全球主要国家都在加快布局区块链技术发展。中国在区块链领域拥有良好基础，要加快推动区块链技术和产业创新发展，积极推进区块链和经济社会融合发展。

要强化基础研究，提升原始创新能力，努力让中国在区块链这个新兴领域走在理论最前沿、占据创新制高点、取得产业新优势。要推动协同攻关，加快推进核心技术突破，为区块链应用发展提供安全可控的技术支撑。要加强区块链标准化研究，提升国际话语权和规则制定权。要加快产业发展，发挥好市场优势，进一步打通创新链、应用链、价值链。要构建区块链产业生态，加快区块链和人工智能、大数据、物联网等前沿信息技术的深度融合，推动集成创新和融合应用。要加强人才队伍建设，建立完善人才培养体系，打造多种形式的高层次人才培养平台，培育一批领军人物和高水平创新团队。

要抓住区块链技术融合、功能拓展、产业细分的契机，发挥区块链在促进数据共享、优化业务流程、降低运营成本、提升协同效率、建设可信体系等方面的作用。要推动区块链和实体经济深度融合，解决中小企业贷款融资难、银行风控难、部门监管难等问题。要利用区块链技术探索数字经济模式创新，为打造便捷高效、公平竞争、稳定透明的营商环境提供动力，为推进供给侧结构性改革、实现各行业供需有效对接提供服务，为加快新旧动能接续转换、推动经济高质量发展提供支撑。要探索“区块链+”在民生领域的运用，积极推动区块链技术在教育、就业、养老、精准脱贫、医疗健康、商品防伪、食品安全、公益、社会救助等领域的应用，为人民群众提供更加智能、更加便捷、更加优质的公共服务。要推动区块链底层技术服务和新型智慧城市建设相结合，探索在信息基础设施、智慧交通、能源电力等领域的推广应用，提升城市管理的智能化、精准化水平。要利用区块链技术促进城市间在信息、资金、人才、征信等方面更大规模的互联互通，保障生产要素在区域内有序高效流动。要探索利用区块链数据共享模式，实现政务数据跨部门、跨区域共同维护和利用，促进业务协同办理，深化“最多跑一次”改革，为人民群众带来更好的政务服务体验。

要加强对区块链技术的引导和规范，加强对区块链安全风险的研究和分析，密切跟踪发展动态，积极探索发展规律。要探索建立适应区块链技术机制的安全保障体系，引导和推动区块链开发者、平台运营者加强行业自律、落实安全责任。要把依法治网落实到区块链管理中，推动区块链安全有序发展。

相关部门及其负责领导同志要注意区块链技术发展现状和趋势，提高运用和管理区块链技术能力，使区块链技术在建设网络强国、发展数字经济、助力经济社会发展等方面发挥更大作用。

2021 年 10 月 18 日，中共中央政治局就推动中国数字经济健康发展进行第三十四次集体学习。时隔两年，区块链再受关注，意义重大。因为这两年，中国对“代币”进行了全链条的监管，不明就里的群众都以为区块链就是比特币，谈币色变甚至谈链色变。这对区块链技术及应用，对链改思维搭建商业模型，都是一颗定心丸。

（二）“十四五”规划中的区块链

“区块链”一词在《中华人民共和国国民经济和社会发展第十四个五年规划和 2035 年远景目标纲要》（以下简称《纲要》）——“加快数字发展建设数字中国”篇章中，被列为“十四五”七大数字经济重点产业之一。《纲要》将区块链定位为新兴数字产业，具体表述为：“培育壮大人工智能、大数据、区块链、云计算、网络安全等新兴数字产业……”

关于区块链具体发展目标与方向，《纲要》做出明确部署。首先是要继续夯实技术基础，推动智能合约、共识算法、加密算法、分布式系统等区块链技术创新；其次是强调要以联盟链为重点，发展区块链服务平台和金融科技、供应链管理、政务服务等领域应用方案；最后，还要完善区块链的监管机制，为产业健康有序发展保驾护航。

在技术创新方面，中国区块链技术领域与国际先进水平差距不大，但原始创新能力不足。中国虽然一直在区块链专利数量方面领先美国，排名世界第一，但有“有专利无原创”的尴尬。因此，以智能合约、共识算法、加密算法、分布式系统等为代表的区块链核心技术是未来重点突破方向。

在基础平台方面，联盟链已成为中国区块链技术和应用的绝对主力，相关服务平台已初具规模。“十四五”期间，相关平台将提升易用性和场景适用性，为各行各业“上链”提供支撑。

在行业应用方面，金融科技、供应链管理、政务服务等领域应用模式初步形成。“十四五”期间，区块链将在以上领域打造“拳头产品”，深度发挥区块链促进数据共享、提升业务协同能力的核心价值。

在监管体系方面，区块链催生新业务新业态，对经济社会产生影响引发新问题，针对区块链技术应用的监管体系亟待建立。《纲要》将完善区块链监管机制提上日程，促进各参与方重视监管问题，确保中国区块链技术与应用合规有序发展。

（三）工业和信息化部指导意见

2021 年 6 月，工业和信息化部与中央网信办印发《关于加快推动区块链技术应用和产业发展的指导意见》明确：

到 2025 年，区块链产业综合实力达到世界先进水平，产业初具规模。区块链应用渗透到经济社会多个领域，在产品溯源、数据流通、供应链管理等领域培育一批知名产品，形成场景化示范应用。培育 3 ~ 5 家具有国际竞争力的骨干企业和一批创新引领型企业，打造 3 ~ 5 个区块链产业发展集聚区。区块链标准体系初步建立。形成支撑产业发展的专业人才队伍，区块链产业生态基本完善。区块链有效支撑制造强国、网络强国、数字中国战略，为推进国家治理体系和治理能力现代化发挥重要作用。

到 2030 年，区块链产业综合实力持续提升，产业规模进一步壮大。区块链与互联网、大数据、人工智能等新一代信息技术深度融合，在各领域实现普遍应用，培育形成若干具有国际领先水平的企业和产业集群，产业生态体系趋于完善。区块链成为建设制造强国和网络强国，发展数字经济，实现国家治理体系和治理能力现代化的重要支撑。

重点任务包括：赋能实体经济方面，深化融合应用、供应链管理、产品溯源、数据共享；提升公共服务方面，推动应用创新、政务服务、存证取证、智慧城市；夯实产业基础方面，坚持标准引领、构建底层平台、培育质量品牌、强化网络安全、保护知识产权；打造现代产业链方面，研发区块链“名品”、培育区块链“名企”、创建区块链“名园”、建立开源生态、完善产业链条；促进融通发展方面，推进“区块链＋工业互联网”、推进“区块链＋大数据”、推进“区块链＋云计算”、推进“区块链＋人工智能”等。

保障措施包括：积极推进应用试点、加大政策支持力度、引导地方加快探索、构建公共服务体系、加强产业人才培养、深化国际交流合作等。

（四）区块链信息服务提供者备案

根据2019年2月15日正式实施的《区块链信息服务管理规定》，国家互联网信息办公室依法依规组织开展境内区块链信息服务备案审核工作。

2019年3月，第一批共197个编号；

2019年10月，第二批共309个编号；

2020年4月，第三批共224个编号；

2020年10月，第四批共285个编号；

2021年6月，第五批共223个编号；

2021年12月，第六批共202个编号；

2022年3月，第七批共265个编号；

2022年5月，第八批共106个编号；

2022年7月，第九批共348个编号……

（五）国家区块链创新应用试点名单

2022 年 1 月 30 日，中央网信办等十六部门印发通知，公布了 15 个综合性和 164 个特色领域国家区块链创新应用试点名单。

根据名单，北京海淀、重庆渝中、福建福州、广东广州、广西百色、贵州贵阳、河北雄安、江苏无锡、上海静安、浙江杭州、海南海口、湖南长沙、江西赣州、山东潍坊、四川成都 15 个地区为综合性国家区块链创新应用试点。

特色领域国家区块链创新应用主要包括："区块链 + 制造""区块链 + 能源""区块链 + 政务服务""区块链 + 法治""区块链 + 审判""区块链 + 检察""区块链 + 版权""区块链 + 民政""区块链 + 人社""区块链 + 教育""区块链 + 贸易金融""区块链 + 风控管理""区块链 + 股权市场""区块链 + 跨境金融"等领域。

其中在"区块链 + 制造"领域，遴选出青岛海尔电冰箱有限公司、中国船舶重工集团公司第七一六研究所、南钢股份、欣旺达、宁波舟山港、京东科技、航天信息等创新应用试点单位。

面对境外日新月异的数字技术和商业模型的创新，我们采取审慎的态度，采用"扬链禁币"的策略，行稳致远。互联网也有一些负面的东西，比如，色情网站和博彩网站等，它们几乎与早期商业互联网的历史一样悠久。但 Web1.0 和 Web2.0 能诞生了一系列改变人类生活和商业形态的应用，创造千亿、万亿美元市值的公司。如今到了 Web3.0 阶段，我们有理由相信，Web3.0 在通向改变世界的道路上，一定也会绽放不一样的绚丽烟火。虽然互联网也存在负能量，但并不能阻挡电商、社交等的耀眼光芒。我们认为，区块链的发展同样如此，负面的应用并不能否认区块链的信用机器与价值互联网特质。这也就不难理解，为什么中国的政策主管机构在严厉打击境内代币发行和交易的同时，仍然主动学习和探索区块链技术的应用，并加快推进数字人民币的普及。

二、数据要素政策

数据要素就是说，数据是创造价值或创造财富的生产要素。在数字经济时代，数据要素还是主要的生产要素。数据要素被中央政策肯定，必然会大大促进数字经济发展。

数字共同体是建立在共识流量基础上的，共识流量就是数据要素。数字共同体响应和践行了国家数据要素政策。

（一）数据要素被中央政策肯定

中国有指导意义且重要的数据要素政策有：

2014 年，“大数据”概念第一次被写入政府工作报告。

2017 年，中共中央政治局就实施国家大数据战略进行第二次集体学习，明确要推动大数据技术产业创新发展，构建以数据为关键要素的数字经济，运用大数据提升国家治理现代化水平，运用大数据促进保障和改善民生，保障国家数据安全。

2019 年，十九届四中全会审议通过《中共中央关于坚持和完善中国特色社会主义制度　推进国家治理体系和治理能力现代化若干重大问题的决定》，提出“健全劳动、资本、土地、知识、技术、管理、数据等生产要素由市场评价贡献、按贡献决定报酬的机制”，首次明确将数据作为生产要素参与社会分配，这是对数据在发展数字经济中所起的关键作用的肯定。“数据要素”的提出，顺应了目前数字经济发展的大趋势，标志着中国已正式进入“数字经济”红利大规模释放的时代。

2020 年 4 月中共中央、国务院发布的《关于构建更加完善的要素市场化配置体制机制的意见》将数据要素确认为五大要素之一，并要求加快培育数据要素市场。

2021 年 3 月，《纲要》提出，建立健全数据要素市场规则，统筹数据开发利用、隐私保护和公共安全，加快建立数据资源产权、交易流通、跨境传输和安全保护等基础制度和标准规范等。

2021 年 11 月出台的《“十四五”大数据产业发展规划》中，工业和信息化部明确提出要加快培育数据要素市场。在标准规范上，提出按照数据性质完善产权性质，建立数据资源产权、交易流通、跨境传输和安全等基础制度和标准规范。在定价方面，制定数据要素价值评估框架和评估指南，包括价值核算的基本准则、方法和评估流程等。

2022 年 1 月国务院出台《“十四五”数字经济发展规划》，进一步提出要充分发挥数据要素作用，加快数据要素市场化流通。提出充分发挥数据要素作用，强化高质量数据要素供给，创新数据要素开发利用机制。加快数据要素市场化流通，加快构建数据要素市场规则，培育市场主体、完善治理体系，促进数据要素市场流通。鼓励市场主体探索数据资产定价机制，推动形成数据资产目录，逐步完善数据定价体系。规范数据交易管理，培育规范的数据交易平台和市场主体，建立健全数据资产评估、登记结算、交易撮合、争议仲裁等市场运营体系，提升数据交易效率。严厉打击数据黑市交易，营造安全有序的市场环境。随即，国务院办公厅发布的《要素市场化配置综合改革试点总体方案》明确提出“建立健全数据流通交易规则”。

深圳曾在 2020 年 7 月发布《深圳经济特区数据条例（征求意见稿）》，提出“数据权”概念，明确自然人对其个人数据依法享有数据权；公共数据属于新型国有资产，其数据权归国家所有；数据要素市场主体对其合法收集的数据和自身生成的数据享有数据权。然而，由于对数据权问题仍未形成统一认识，在正式条例中删除“数据权”表述。2021 年 11 月，上海通过《上海市数据条例》，明确自然人对其个人信息享有的人格权益，自然人、法人和非法人组织在使用、加工等数据处理活动中拥有法定或者约定的财产权益。

2021 年 9 月 1 日《中华人民共和国数据安全法》正式施行，规范数据处理活动，保障数据安全，促进数据开发利用。2021年11月1日《中华人民共和国个人信息保护法》正式施行，强调处理个人信息应当用合法、正当的方式，处理信息应遵循公开、透明的原则。加之2016年11月出台的《中华人民共和国网络安全法》，中国信息及数据安全领域的法律框架基本搭建完成。

2022年4月，《中共中央　国务院关于加快建设全国统一大市场的意见》提出，加快培育统一的技术和数据市场。建立健全全国性技术交易市场，完善知识产权评估与交易机制，推动各地技术交易市场互联互通。完善科技资源共享服务体系，鼓励不同区域之间科技信息交流互动，推动重大科研基础设施和仪器设备开放共享，加大科技领域国际合作力度。加快培育数据要素市场，建立健全数据安全、权利保护、跨境传输管理、交易流通、开放共享、安全认证等基础制度和标准规范，深入开展数据资源调查，推动数据资源开发利用。

2022年6月22日，中央全面深化改革委员会第二十六次会议，审议通过了《关于构建数据基础制度更好发挥数据要素作用的意见》。

会议指出，数据作为新型生产要素，是数字化、网络化、智能化的基础，已快速融入生产、分配、流通、消费和社会服务管理等各个环节，深刻改变着生产方式、生活方式和社会治理方式。中国具有数据规模和数据应用优势，我们推动出台数据安全法、个人信息保护法等法律法规，积极探索推进数据要素市场化，加快构建以数据为关键要素的数字经济，取得了积极进展。要建立数据产权制度，推进公共数据、企业数据、个人数据分类分级确权授权使用，建立数据资源持有权、数据加工使用权、数据产品经营权等分置的产权运行机制，健全数据要素权益保护制度。要建立合规高效的数据要素流通和交易制度，完善数据全流程合规和监管规则体系，建设规范的数据交易市场。要完善数据要素市场化配置机制，更好发挥政府在数据要素收益分配中的引导调节作用，建立体现效率、促进公平的数据要素收益分配制度。要把安全贯穿于数据治理全过程，守住安全底线，明确监管红线，加强重点领域执法司法，把必须管住的坚决管到位。要构建政府、企业、社会多方协同治理模式，强化分行业监管和跨行业协同监管，压实企业数据安全责任。

“数据基础制度建设事关国家发展和安全大局，要维护国家数据安全，保护个人信息和商业秘密，促进数据高效流通使用、赋能实体经济，统筹推进数据产权、流通交易、收益分配、安全治理，加快构建数据基础制度体系。要加强党中央对行政区划工作的集中统一领导，做好统筹规划，避免盲目无序。要遵循科技创新规律和人才成长规律，以激发科技人才创新活力为目标，按照创新活动类型，构建以创新价值、能力、贡献为导向的科技人才评价体系，引导人尽其才、才尽其用、用有所成。要推动大型支付和金融科技平台企业回归本源，健全监管规则，补齐制度短板，保障支付和金融基础设施安全，防范化解系统性金融风险隐患，支持平台企业在服务实体经济和畅通国内国际双循环等方面发挥更大作用。”

数据要素被中国政策肯定，这必将大大推进数据创造财富的进程，必将大大推动数字经济发展。

（二）数据交易所使数据要素政策落地

2015 年贵阳成立了全国第一个大数据交易所——贵阳大数据交易所，中国场内数据交易开始出现。但在接下来的数年时间中，无论是数据的场内交易还是场外交易，都面临诸多堵点，比如场内交易的活跃度、场外交易的安全监管等。

2020 年 4 月印发的《中共中央　国务院关于构建更加完善的要素市场化配置体制机制的意见》，2022 年 4 月印发的《中共中央　国务院关于加快建设全国统一大市场的意见》，均提出加速培育数据要素市场。2021 年 11 月，工业和信息化部印发《“十四五”大数据产业发展规划》，进一步指出“培育大数据交易市场，鼓励各类所有制企业参与要素交易平台建设”。

受到市场需求的推动和政策的支持，2011 年至 2022 年 6 月，北京、上海、深圳、广州、福建、重庆、合肥等多地筹建或已建成数据交易中心。据不完全统计，目前全国已有超过 30 家数据交易中心。

2021 年 11 月 12 日，北京国际大数据交易所通过网络视频的形式举办线上推介发布会。北京国际大数据交易所具备五大功能定位：一是权威的数据信息登记平台；二是受到市场广泛认可的数据交易平台；三是覆盖全链条的数据运营管理服务平台；四是以数据为核心的金融创新服务平台；五是新技术驱动的数据金融科技平台。

2021 年 11 月 25 日，上海数据交易所揭牌成立仪式在上海举行并达成了部分首单交易。其功能包括：一是全国首发数商体系，全新构建“数商”新业态，涵盖数据交易主体、数据合规咨询、质量评估、资产评估、交付等多领域，培育和规范新主体，构筑更加繁荣的流通交易生态；二是全国首发数据交易配套制度，率先针对数据交易全过程提供一系列制度规范，涵盖从数据交易所、数据交易主体到数据交易生态体系的各类办法、规范、指引及标准，确立了“不合规不挂牌，无场景不交易”的基本原则，使数据流通交易有规可循、有章可依；三是全国首发全数字化数据交易系统，上线新一代智能数据交易系统，保障数据交易全时挂牌、全域交易、全程可溯；四是全国首发数据产品登记凭证，首次通过数据产品登记凭证与数据交易凭证的发放，实现一数一码，可登记、可统计、可普查；五是全国首发数据产品说明书，以数据产品说明书的形式使数据可阅读，将抽象数据变为具象产品。

（三）数据要素定义还有很多模糊地带

数据要素得到肯定了，这是第一步。接下来，随着人们认知的不断深化，关于数据的范畴的确定也会明确，比如，境外虚拟货币，有被中国司法判例确认为数据的，也有被判例确认为虚拟财产的。虚拟货币是否会被认定为数据要素，是一个敏感而又必须直面的问题。另外，中国正在兴起的数字藏品，以及国家政策支持的绿色积分等具有虚拟财产或数字资产性质的数据，是否也是数据要素？

为方便说明问题，将数据分为两类：一类是知识属性的数据，我们通常说的大数据多指这一类；另一类是资产属性的数据，境外虚拟货币、境内数字藏品和绿色积分属于这一类。目前，政府认定的数据要素显然是指知识属性的数据。

从一级发行市场看，数字藏品尚没有政策定性，但看目前趋势，应该不会被禁。绿色积分是国家明文鼓励的。那么，类似的已在市场中存在的其他积分，目前也没有政策定性，应该也不会被禁。

在二级市场，数字藏品、绿色积分能否交易是一个需要探索的问题。因为这类数字资产如果能在二级市场交易，那么就与“代币”差不多了。这是需要慎重考虑的。这些问题若不搞清楚，应该会影响中国数字经济的发展。我们期待着这方面的措施尽快明确。

中国为落实数据要素政策，各地开办数据交易所。但这些数据交易所的交易活跃程度大多不及预期。原因是，这些知识属性的数据市场有限，而有值钱的由于涉密或事关隐私的数据往往是不允许交易的，而能交易的往往又不值钱。数据交易所顶层设计找不到灵感。

唯一可交易的只有大数据。获取大数据的目前只有大型互联网公司如百度、淘宝、腾讯、高德、抖音等，以及掌握 80% 数据资源的政府部门。这些机构不一定要把数据放到数据交易所交易。

对于资产类数据，“堵不如疏”，毕竟社会存在巨大需求和市场潜力，毕竟经济增长需要新空间。建议国家先划定一定范围做试验，就像当年的深圳特区、证券、股市那样。“证券、股市，这些东西究竟好不好，有没有危险，是不是资本主义独有的东西，社会主义能不能用，允许看，但要坚决地试。看对了，搞一两年，对了，放开；错了，纠正，关了就是了。”

当然，必须强调的是，观点归观点，建议归建议。我们必须严格按照现行政策规定办事。特别是对于现行政策明确禁止的，要坚决照办，不能踩政策红线。

三、绿色积分政策

为了刺激消费稳增长，也为了“双碳”绿色发展，国家政策大力提倡和支持绿色积分。当然，国家鼓励的绿色积分仅限于商品属性的一级市场，绿色积分能否有金融属性？能否在二级市场中交易？这是值得期待的，我们期待国家政策有放开的那一天。在二级市场交易没有得到国家政策允许的前提下，我们仍然需要坚守绿色积分一级市场，设计符合国家现行政策的商业模型。

实际上，早在 2016 年，国家发展改革委等部门就在《关于促进绿色消费的指导意见》中首次提出“研究建立绿色消费积分制”。

2022 年 2 月，国家发展改革委、工业和信息化部、商务部等七部局联合印发《促进绿色消费实施方案》，绿色消费积分制度再次被明确提出。

《促进绿色消费实施方案》指出，探索实施全国绿色消费积分制度，鼓励地方结合实际建立本地绿色消费积分制度，以兑换商品、折扣优惠等方式鼓励绿色消费。鼓励各类销售平台制定绿色低碳产品消费激励办法，通过发放绿色消费券、绿色积分、直接补贴、降价降息等方式激励绿色消费。鼓励行业协会、平台企业、制造企业、流通企业等共同发起绿色消费行动计划，推出更丰富的绿色低碳产品和绿色消费场景。鼓励市场主体通过以旧换新、抵押金等方式回收废旧物品。

中国政策有两条鼓励和支持的主线：

一是实现“双碳”目标的有效措施。

2021年政府“十四五”规划明确提出“双碳”目标。碳达峰目标指在2030年内二氧化碳的排放量达到顶峰，并呈现一个下降的趋势。碳中和目标指通过节能减排、产业调节、植树造林、优化资源配置等治理二氧化碳的手段，使二氧化碳排放量减少甚至回收利用，以此在2060年内达到二氧化碳“零排放”的目的。

随着绿色消费理念逐渐渗透，如今的绿色消费积分制度有了更大的推广动力和经验基础。不过，统一的标准和适用的方法学，人们仍然在摸索，期待更大的突破。有研究表明，调整消费需求是实现中国低碳发展的最重要途径。居民消费产生的碳排放量占全社会碳排放总量的53%。改变消费行为是一件长期的事，从企业低碳产品的生产，延展到鼓励消费者的行为参与，以改变产品的最终去处，贯穿产品整个生命周期。建立绿色消费积分制度，是实现减碳的有效措施。

《促进绿色消费实施方案》明确了到2025年和2030年促进绿色消费的主要目标。到2025年，绿色消费理念深入人心，奢侈浪费得到有效遏制，绿色低碳产品市场占有率大幅提升，重点领域消费绿色转型取得明显成效，绿色消费方式得到普遍推行，绿色低碳循环发展的消费体系初步形成。到2030年，绿色消费方式成为公众自觉的选择，绿色低碳产品成为市场主流，重点领域消费绿色低碳发展模式基本形成，绿色消费制度政策体系和体制机制基本健全。

二是促进消费是稳增长的重要抓手。

经济目前处在下行压力之中，特别是新冠肺炎疫情暴发后，经济面临的压力更大，消费不振是主要原因之一。

但是，经济增长韧性强、潜力大，经济长期向好的基本面没有改变。促进消费和投资增长大有可为。应落实落细支持实体经济稳定发展的各项政策措施，充分发挥消费的基础作用和投资的关键作用，推动经济高质量发展。

国家发展改革委指出：2021 年最终消费支出拉动经济增长 5.3 个百分点，对经济增长的贡献率提升至 65.4%，是稳定经济增长的主要引擎，为加快构建新发展格局和实现全体人民共同富裕提供了有力支撑。

为稳增长中央及各地密集出台政策促消费。

作为绿色概念的数字消费，更有潜力。比如，2021 年，全国社会网上零售额比 2020 年增长 14.1%，其中实物商品网上零售额增长 12%，增速明显高于线下消费。绿色积分作为鼓励消费的措施，得到全国各地普遍欢迎和响应。

相比而言，2022 年的制度框架更加详细，指向明确，更有利于政策落地。

绿色消费积分制，通过一定的经济补偿机制，来增加政策吸引力，以摆脱绿色消费行为面临的窘境，不失为一种制度性创新。

当然，构建绿色消费积分制度，应当涉及生活的方方面面，涵盖多个领域，包括更多内容，有必要把公众的绿色消费行为进行有效整合，充分体现人们的消费概况，给有良好绿色消费记录的消费者，提供更多的积分优惠，形成完善的绿色消费激励机制，从而使绿色消费积分制度实现科学化、规范化与精准化。

全面推行绿色消费，是一项系统工程，是宏大的社会性命题，同时，绿色消费也是一个微观的民生话题。实施绿色消费积分制度，无疑是教育引导公众树立绿色消费观，形成绿色生活方式的一个绝佳切入点，不但能使公众接受并认同绿色消费观念，而且有利于增进普通百姓的获得感。

我们有理由相信，绿色积分以及以绿色积分为激励机制的数字共同体，在稳增长及共同富裕的大势中，一定会大放异彩，有光明的前景和未来。

四、全国统一大市场政策

中国产品服务市场化定价占比已经超过97%。但是，中国要素市场化改革仍然有很大空间，比如，户籍制度（劳动市场）、“农地入市”（土地市场）、利率市场化（资本市场）、知识产权保护（科技市场）、数据要素（数据市场）等。

与数据要素政策一样，全国统一大市场政策是中国市场化改革的进一步深化。经过改革，中国在全国统一大市场方面，还有大量工作要做。可以说，推进要素市场化改革，建设全国统一大市场，是中国市场化改革最后需要攻克的堡垒。

随着改革的深入，中国迎来了建设全国统一大市场的契机。2022年4月10日，《中共中央　国务院关于加快建设全国统一大市场的意见》（以下简称《意见》）发布，具有十分深远的战略意义。

建设全国统一大市场是构建新发展格局的基础支撑和内在要求。《意见》明确，加快建立全国统一的市场制度规则，打破地方保护和市场分割，打通制约经济循环的关键堵点，促进商品要素资源在更大范围内畅通流动，加快建设高效规范、公平竞争、充分开放的全国统一大市场，全面推动中国市场由大到强转变，为建设高标准市场体系、构建高水平社会主义市场经济体制提供坚强支撑。

根据《意见》，加快建设全国统一大市场的工作原则是：立足内需，畅通循环；立破并举，完善制度；有效市场，有为政府；系统协同，稳妥推进。主要目标是：持续推动国内市场高效畅通和规模拓展，加快营造稳定公平透明可预期的营商环境，进一步降低市场交易成本，促进科技创新和产业升级，培育参与国际竞争合作新优势。

《意见》坚持问题导向、立破并举，从六个方面明确了加快建设全国统一大市场的重点任务。从立的角度看，意见明确要抓好“五统一”：一是强化市场基础制度规则统一；二是推进市场设施高标准联通；三是打造统一的要素和资源市场；四是推进商品和服务市场高水平统一；五是推进市场监管公平统一。从破的角度看，意见明确要进一步规范不当市场竞争和市场干预行为。

（1）强化市场基础制度规则统一，推动完善统一的产权保护制度，实行统一的市场准入制度，维护统一的公平竞争制度，健全统一的社会信用制度。

健全市场体系基础制度是市场体系高效运行的根本。要完善统一的产权保护制度，坚持平等保护、全面保护、依法保护各类产权，提高制度化法治化水平；实行统一的市场准入制度，严格落实“全国一张清单”管理模式，推动实现市场准入效能评估全覆盖；维护统一的公平竞争制度，健全公平竞争制度框架和政策实施机制，建立公平竞争政策与产业政策协调保障机制，优化完善产业政策实施方式；健全统一的社会信用制度，推动社会信用体系建设高质量发展，加快推进社会信用立法。

（2）推进市场设施高标准联通，以升级流通网络、畅通信息交互、丰富平台功能为抓手，着力提高市场运行效率。

市场设施顺畅联通是经济循环畅通的基础条件。重点是以完善流通网络、畅通信息交互、丰富平台功能为抓手，着力提高市场运行效率。要推动国家物流枢纽网络建设，大力发展多式联运，完善国家综合立体交通网，推进多层次一体化综合交通枢纽建设；进一步优化市场主体信息公示，便利市场主体信息互联互通；深化公共资源交易平台整合共享，研究明确各类公共资源交易纳入统一平台体系的标准和方式，不断完善大宗商品期现货市场交易规则。

（3）打造统一的要素和资源市场，推动建立健全统一的土地和劳动力市场、资本市场、技术和数据市场、能源市场、生态环境市场。

要素资源自由流动是提高经济循环效率的重要保障，核心是引导各类要素资源协同向先进生产力集聚。要完善不同类型要素改革举措协同配合的机制，健全城乡统一的土地和劳动力市场，促进人才跨地区顺畅流动；加快发展统一的资本市场，坚持金融服务实体经济；加快培育统一的技术和数据市场，鼓励不同区域之间科技信息交流互动，建立健全数据安全、权利保护等基础制度和标准规范，提高全要素生产率；以建设全国统一的能源市场和培育发展全国统一的生态环境市场为依托，充分发挥资源流动的乘数效应，赋予经济增长强大动能。

（4）推进商品和服务市场高水平统一，以人民群众关心、市场主体关切的领域为重点，着力完善质量和标准体系。

商品和服务市场是人民群众感受最直接的市场，与民生福祉密切相关。要以人民群众关心、市场主体关切的领域为重点，着力完善质量和标准体系。加快健全商品质量体系，推动重点领域主要消费品质量标准与国际接轨，推进内外贸产品同线同标同质；不断完善标准和计量体系，优化政府颁布标准与市场自主制定标准结构，对国家标准和行业标准进行整合精简；全面提升消费服务质量，围绕住房、教育培训、医疗卫生、养老托育等重点民生领域，推动形成公开的消费者权益保护事项清单，完善纠纷协商处理办法。

（5）推进市场监管公平统一，以增强监管的稳定性和可预期性为保障，着力提升监管效能。

提升政府监管效能是维护市场正常秩序的必然要求。要统一监管规则，加强市场监管行政立法工作，完善市场监管程序，加强市场监管标准化规范化建设，依法公开监管标准和规则；要强化统一执法，统筹执法资源，减少执法层级，统一执法标准和程序，规范执法行为，减少自由裁量权，促进公平公正执法；要全面提升监管能力，完善“双随机、一公开”监管、信用监管、“互联网＋监管”、跨部门协同监管，加快推进智慧监管，建立健全跨行政区域网络监管协作机制（见图 10.1）。

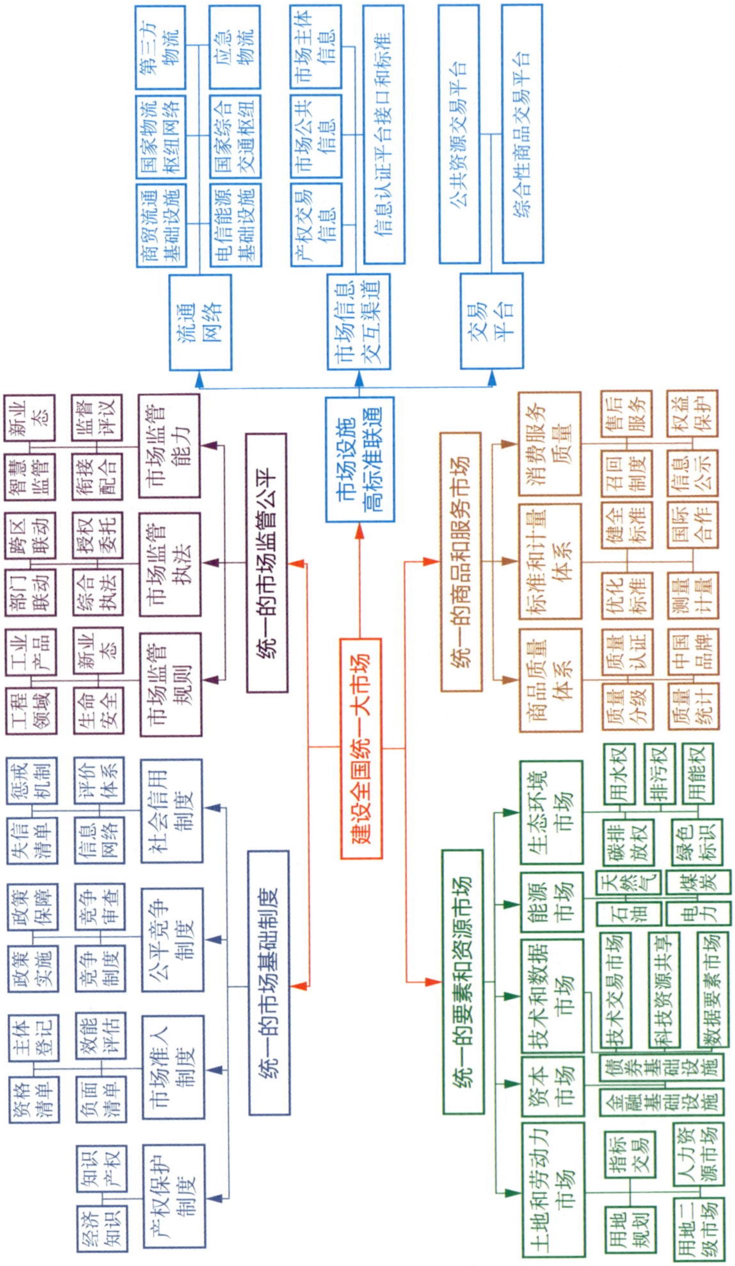

图 10.1　全国统一大市场“五统一”

为推动意见落到实处、见到实效，国家发展改革委、市场监管总局将会同有关部门建立健全完善促进全国统一大市场建设的部门协调机制，加大统筹协调力度，及时督促检查；完善激励约束机制；探索研究全国统一大市场建设标准指南；对积极推动落实全国统一大市场建设、取得突出成效的地区给予激励；动态发布不当干预全国统一大市场建设问题清单，着力解决妨碍全国统一大市场建设的不当市场干预和不当竞争行为问题。

近 20 年来，中国经济的对外依存度（进出口总额占国内生产总值的比重）显著下降，从 2006 年的 68% 逐渐下降至 2021 年的 30% 左右。在 2008 年金融危机之后，“逆全球化”的思潮和政策主张开始在世界舞台上活跃起来。在这一背景之下，中国的对外贸易遭遇三大挑战：一是海外市场面临收缩压力；二是东南亚等地的出口替代效应不断加强；三是进口产品和技术，尤其是进口具有高技术含量的产品比过去要困难。此外，尽管中国制造业取得了长足发展，但仍然处于全球化分工和专业化的下游，产业升级面临的瓶颈制约问题依然严重。因此，在全球经济和政治格局正在发生巨大变革的情况下，制造业应依托国内大循环为主体、国内国际双循环相互促进的新发展格局，开启转型之路。

当前地方保护和区域壁垒导致的市场分割影响着内需市场的扩容。改革开放初期，为了加快推进计划经济向市场经济的转型，中央政府开始简政放权。在此背景下，地方政府拥有了自主财政权，以及制定市场规则等方面的自主立法权，因此受到激励的地方政府更倾向于把有限的补贴留给支持本地企业和吸引外商投资上以更好地发展地方经济，促进本地企业和成功引进的外企发展从而确保更多的财税收入，从而带动 GDP 增长。经过多年发展，地方政府竞争带动地方经济和民生取得了长足进步，但也导致“地方保护主义”和“区域壁垒”有所抬头，并从商品领域逐渐转向服务业和生产要素领域。地方保护和区域壁垒造成的各自为政、重复建设、产能过剩、资源浪费和企业垄断等“分割性”问题成为企业拓展市场、行业进行整合的桎梏，区域协调和全国平衡发展的阻碍，不利于内循环畅通、要素资源流动和内需市场的进一步扩容。

建设全国统一大市场有助于内需市场的进一步扩容。中国有14亿多人口，中等收入群体超过4亿人，人均可支配收入稳步增长，消费市场规模和潜力巨大。但在生产要素市场上，尤其是用地指标和户籍制度对土地和人口流动影响很大，既不利于建立和打通全国统一的商品和要素市场，也不利于实现货物和人的互联互通，导致内需市场出现扩容“瓶颈”。随着全国统一大市场的建立，上述问题都将迎刃而解，内需市场将会加速扩容。

建设全国统一大市场有助于推动企业由“大而广”向“强而精”转变，进一步增强企业的国际竞争力。在立破并举的一系列举措推动下，制约企业发展的不正当竞争行为将会被进一步破除，有利于更多企业特别是中小企业进入更加公平竞争的市场中，发挥规模经济效益和范围经济效益。

建设全国统一大市场有助于中国经济向高质量转型发展。经济高质量发展需要一个更高水准的市场条件来保障。统一大市场形成之后，随着人民群众升级需求的提升以及人力、资本、资源、产品和信用体系及数据的流通更为简洁和高效，要素配置效率将得到最大限度的提高，进而极大地促进生产力的发展。同时统一大市场更容易发挥集中力量办大事的制度优势和聚集优秀人才对中高端制造业进行研发，为产业和经济向高质量转型打下坚实基础。

建设全国统一大市场有助于促进国内国际双循环的畅通。从畅通内循环看，建设全国统一大市场能有效解决重点领域和关键环节存在的“市场分割”现象，打通过去存在的堵点，进一步提升内循环的运作速度。从畅通内外双循环看，统一大市场的建设非但不是要排除外循环，反而是要更好地促进基于内循环的经济全球化，提升竞争力和话语权，推动国内与国际市场更好地联通。同时国内统一大市场解决了诸多问题和短板，能够吸引更多的海外中高端要素资源向内汇聚。

建设全国统一大市场有助于实现区域平衡发展和共同富裕。在全国统一大市场中，各个地区可以因地制宜地将比较优势发挥到最大。

五、数字经济政策

数字经济是工业化向数字化转型的重要内容，未来经济增长和社会进步的重要依靠。世界各国都在积极布局，抢占数字经济赛道。数字经济也是中国经济社会发展的重要新动能，是中国战略部署和政策的重要着力点。

数字共同体是数字经济商业模型的创新创举，是数字经济发展的“排头兵”，具有标杆意义。

（一）国家统计局对数字经济的定义

国家统计局对数字经济的定义相对宽泛，包括数字产业化和产业数字化两个部分，而数字产业化也被称为数字经济核心产业。宽泛定义是因为数字化的逻辑是一致的。特别是产业数字化，通过数字化赋能，传统行业能够脱胎换骨，重焕青春，与数字产业一起共同推进经济社会向更高台阶迈进。

2021 年 6 月，国家统计局发布《数字经济及其核心产业统计分类（2021）》，明确数字经济产业范围，分为“数字产品制造业”“数字产品服务业”“数字技术应用业”“数字要素驱动业”“数字化效率提升业”等 5 个大类，其中前 4 个大类基本对应“数字产业化”，第 5 个大类对应“产业数字化”（见表 10.1）。

表 10.1　数字经济定义及分类

	大类	名称	主要行业
数字产业化	01	数字产品制造业	计算机制造、通讯及雷达设备制造、智能设备制造
	02	数字产品服务业	数字产品批发、数字产品零售、数字产品租赁
	03	数字技术应用业	软件开发、电信广播电视和卫星传输服务、信息技术服务
	04	数字要素驱动业	互联网平台、互联网批发零售、互联网金融、数字内容与媒体、信息基础设施建设
产业数字化	05	数字化效率提升业	智慧农业、智能制造、智能交通、智能物流、数字金融、数字商贸、数字社会、数字政府

（二）“十四五”规划

2021 年 3 月全国人大通过了《中华人民共和国国民经济和社会发展第十四个五年规划和 2035 年远景目标纲要》。遵照“十四五”规划，2021 年 4 月国务院印发《“十四五”数字经济发展规划》，明确规定了中国数字经济的发展目标（见表 10.2）。

2020 年，中国数字经济核心产业增加值占 GDP 的比重达到 7.8%，数字经济为经济社会持续健康发展提供了强大动力。

《“十四五”数字经济发展规划》提出：到 2025 年，数字经济迈向全面扩展期，数字经济核心产业增加值占 GDP 的比重达到 10%，数字化创新引领发展能力大幅提升，智能化水平明显增强，数字技术与实体经济融合取得显著成效，数字经济治理体系更加完善，中国数字经济竞争力和影响力稳步提升。

数据要素市场体系初步建立。数据资源体系基本建成，利用数据资源推动研发、生产、流通、服务、消费全价值链协同。数据要素市场化建设成效显现，数据确权、定价、交易有序开展，探索建立与数据要素价值和贡献相适应的收入分配机制，激发市场主体创新活力。

产业数字化转型迈上新台阶。农业数字化转型快速推进，制造业数字化、网络化、智能化更加深入，生产性服务业融合发展加速普及，生活性服务业多元化拓展显著加快，产业数字化转型的支撑服务体系基本完备，在数字化转型过程中推进绿色发展。

数字产业化水平显著提升。数字技术自主创新能力显著提升，数字化产品和服务供给质量大幅提高，产业核心竞争力明显增强，在部分领域形成全球领先优势。新产业新业态新模式持续涌现、广泛普及，对实体经济提质增效的带动作用显著增强。

数字化公共服务更加普惠均等。数字基础设施广泛融入生产生活，对政务服务、公共服务、民生保障、社会治理的支撑作用进一步凸显。数字营商环境更加优化，电子政务服务水平进一步提升，网络化、数字化、智慧化的利企便民服务体系不断完善，数字鸿沟加速弥合。

数字经济治理体系更加完善。协调统一的数字经济治理框架和规则体系基本建立，跨部门、跨地区的协同监管机制基本健全。政府数字化监管能力显著增强，行业和市场监管水平大幅提升。政府主导、多元参与、法治保障的数字经济治理格局基本形成，治理水平明显提升。与数字经济发展相适应的法律法规制度体系更加完善，数字经济安全体系进一步增强。

展望未来，数字经济将迈向繁荣成熟期，力争形成统一公平、竞争有序、成熟完备的数字经济现代市场体系，数字经济发展基础、产业体系发展水平位居世界前列。“十四五”数字经济发展目标见表10.2。

表 10.2 “十四五”数字经济发展目标

指标	2020 年	2025 年	属性
数字经济核心产业增加值占 GDP 比重（%）	7.8	10	预期性
IPv6 活跃用户数（亿户）	4.6	8	预期性
千兆宽带用户数（万户）	640	6 000	预期性
软件和信息技术服务业规模（万亿元）	8.16	14	预期性
工业互联网平台应用普及率（%）	14.7	45	预期性
全国网上零售额（万亿元）	11.76	17	预期性
电子商务交易规模（万亿元）	37.21	46	预期性
在线政务服务实名用户规模（亿）	4	8	预期性

“十四五”规划的数字经济目标对全国人民是一种振奋，也具有一定挑战。积极创新，利用一切可以利用的积极因素，大力发展数字经济，已迫在眉睫。

后 记

本书所提的“数字共同体”概念，只对由平台企业牵头的数字共同体做了全面论述。实际上，在如今的数字经济时代，只要是组织，包括经济组织和社会组织，都是可用数字化改造升级的，都是可以打造成“数字共同体”的。比如，地方政府牵头的数字共同体、银行牵头的数字共同体、行业协会牵头的数字共同体、国际组织牵头的数字共同体……由于篇幅所限，我们未能逐一去描述。这就有了些许遗憾。

不过，有遗憾就有期待，画作讲究留白，讲话讲究留余地，都给人想象空间。大家可以用我们提出的数字共同体构思为基座，做诸多有想象力的创新。

本书正文里没有提及地方政府牵头的数字共同体，其非常重要，我们在这里简单提示一下。

实际上，我们发现地方政府牵头的数字共同体，是提升地区治理能力和治理水平、推动地区经济和社会发展的有力武器。

穷不怕，怕的是没思路。中国改革开放初期，尽管面对欧洲、美国、日本等发达经济体的竞争，但改革就是激励，中国人的积极性被调动起来了；开放就是学习，跟着高手下棋，棋艺就提上来了。我国依靠改革开放把国家发展起来了。地区经济发展也遵循一样的逻辑，要激励和学习。

一个地方之所以经济发展落后，原因在于该地区流出的钱（比如在淘宝买东西）大于流入的钱（本地产品外销），该地区流出的人才大于流入的人才。我们通过设立由地方政府牵头的数字共同体，可有效扭转这个局面。比如，政府打造平台，以绿色积分为媒介来激励对地区经济增长和社会发展有贡献的人，不仅是落户应用，而且是更深层面的是留人、留钱、留心；不仅服务当地企业，而且扶植有条件的企业上市；不仅充分利用“内资”，而且激励引进的“外资”。此外，通过学习不断提升数字共同体的品级，推动地方经济和社会向前发展。

鉴于作者水平有限，书中难免有错漏，一些观点也难免失之偏颇，欢迎大家批评指正！

还有就是感谢。

感谢中国经济出版社！

感谢我们的家人！

最后感谢拿到本书的您，特别是坚持看到此处的您。这是一本关于财富逻辑的书，相信您读了，一定会收获满满！因为您最重要，所以将对您的感谢放在最后。

作者

2022 年 8 月

参考文献

［1］ 斯蒂芬·P. 罗宾斯 . 组织行为学精要（第七版）［M］. 柯江华，译 . 北京：机械工业出版社，2003.

［2］ 中本聪 . 比特币：一种点对点的电子现金系统［EB/OL］.（2008-11-01）［2022-03-15］.

［3］ 罗伯特·清崎 . 富爸爸穷爸爸［M］. 萧明，译 . 海口：南海出版社，2011.

［4］ 国务院新闻办公室 .《中国的和平发展》白皮书［EB/OL］.（2011-09-06）［2022-03-15］. http：//www.scio.gov.cn/m/ztk/dtzt/58/3/Document/999959/999959.htm.

［5］ 古斯塔夫·勒庞 . 乌合之众：大众心理研究［M］. 亦言，译 . 北京：中国友谊出版公司，2019.

［6］ 中国政府网 . 中华人民共和国国民经济和社会发展第十四个五年规划和 2035 年远景目标纲要［EB/OL］.（2021-03-13）［2022-03-15］.http：//www.gov.cn/xinwen/2021-03/13/content_5592681.htm.

［7］ 朱幼平，陈雷，何超，等 . 链改：区块链中国思维［M］. 北京：中信出版集团，2021.

［8］ 中国政府网 . 国务院印发《"十四五"数字经济发展规划》［EB/OL］.（2022-01-12）［2022-03-15］.http：//www.gov.cn/xinwen/2022-01/12/content_5667840.htm.

［9］ 习近平 . 不断做强做优做大中国数字经济［J］. 求是，2022（2）.

［10］ E. 格伦·韦尔，普迦·奥尔哈弗，维塔利克·布特林 . 去中心化社会：寻找 Web3.0 的灵魂［EB/OL］. 2022.